跟大师学语文

怎样作文

张中行／著

中华书局

图书在版编目(CIP)数据

怎样作文/张中行著. —北京:中华书局,2017. 1
(2025.2 重印)
(跟大师学语文)
ISBN 978-7-101-12193-3

Ⅰ.怎… Ⅱ.张… Ⅲ.作文课−中小学−教学参考资料
Ⅳ. G634.343

中国版本图书馆 CIP 数据核字(2016)第 241967 号

书　　名	怎样作文
著　　者	张中行
丛 书 名	跟大师学语文
封面插图	丰子恺
责任编辑	聂丽娟　周　璐
装帧设计	许丽娟
责任印制	管　斌
出版发行	中华书局
	(北京市丰台区太平桥西里38号　100073)
	http://www.zhbc.com.cn
	E-mail:zhbc@zhbc.com.cn
印　　刷	三河市宏达印刷有限公司
版　　次	2017 年 1 月第 1 版
	2025 年 2 月第 6 次印刷
规　　格	开本/700×1000 毫米　1/16
	印张 17¾　字数 160 千字
印　　数	22001−23500 册
国际书号	ISBN 978-7-101-12193-3
定　　价	42.00 元

"跟大师学语文"丛书

出版说明

　　这套丛书收录了《文章作法》《文话七十二讲》《文章讲话》《怎样写作》《语文随笔》《略读指导举隅》《精读指导举隅》《怎样学习文言文》《怎样作文》等关于语文学习的指导性名著。它们的作者就是著名的语文教育大师夏丏尊、叶圣陶、朱自清、张中行等先生。这就是丛书名的由来。

　　夏丏尊先生（1886—1946）、叶圣陶先生（1894—1988）、朱自清先生（1898—1948）、张中行先生（1909—2006）是我国著名的教育家和文学家，他们都把毕生精力投入祖国的新文化建设和教育事业之中。尤其是在20世纪的30年代，身为开明书店总编辑的夏丏尊先生创办了《中学生》杂志，叶圣陶先生任杂志主编。这本杂志以先进的文化思想、丰富的科学知识教育中学生，在中国语文教学方面，下力尤深，成果卓著，被几代中学生视作良师益友，在文化界、教育界和出版界有口皆碑。多年的教学实践和理性思考，使他们在中学语文教学的各个方面都有突出的建树，留下许多精彩的著作，这套丛书选录的就是其中的精粹。

　　《文章作法》由开明书店1922年出版。原为夏丏尊先生在长沙第一师范和白马湖春晖中学的讲义稿，后经教育家刘薰宇先生（1896—1967）结合自己的教学实践修改编辑而最后成书。其特点是根据不同的文体，着重介绍语文知识和写作技巧,便于中学生提高实际写作能力。

《文话七十二讲》则源自于夏丏尊、叶圣陶两位先生编写的《国文百八课》。20 世纪 30 年代,两位先生因不满当时的语文教学和使用的课文"缺乏客观具体的科学性",着手编撰了一套供初中学生使用的语文教材。因初中共六个学期,每学期上课十八周,一共一百零八周,所以这套按照一百零八周来顺序设计教学内容的课本,就定名为"国文百八课"。每一课包括"文话"(阅读写作指导)、"选文"、"文法修辞常识"和"习问"(练习和问题)四部分,形成一套完整科学的初中语文教学体系。可惜因抗日战争爆发,《国文百八课》只出版了四册,成七十二课,就不得不中断了。吕叔湘先生认为,这套课本的"最大特色"同时也是"编者用力最多的部分",就是"文话"。所以,这本《文话七十二讲》就是从《国文百八课》中抽出的单行本。用七十二个主题,分别结合阅读,主讲文章的写作方法。

《文章讲话》一书收录了夏丏尊、叶圣陶两位先生有关文章写作的十篇文字。前七篇是 1935—1937 年在《中学生》杂志《文章偶话》栏目中连载的;后三篇是夏先生利用 1937 年暑假赶写的,但因上海"八一三"抗战爆发,而未能刊登。直到 1938 年,开明书店才结集出版。

《怎样写作》是叶圣陶先生有关写作的文章专集，共收录了二十一篇长短文字。他集数十年写作经验，多角度多侧面地讲述了写作成功的诀窍和失败的根源，精义迭出。

　　《语文随笔》则是叶圣陶先生有关中学语文教学的随笔集，共收录了十四篇文章，能够比较完整地体现叶圣陶先生关于语文教学的看法和见解。

　　《略读指导举隅》是叶圣陶、朱自清两位先生合作编写的中学国文教学指导用书。1943年初版印行于四川。略读作为精读的补充，在教学中常被忽略。本书阐明了略读的含义，略读应注意的问题、方法等。通过实例来说明略读对培养学生阅读习惯和写作技巧的作用。

　　《精读指导举隅》一书侧重于精读指导。书中选用六篇文章作例子，叙述文、短篇小说、抒情文、说明文、议论文等皆有涉及。指导大概中分析文章、提示问题的态度和方法特别值得注意。具体实例中的说明和联想翔实有效，可谓"纤屑不遗，发挥净尽"，对当下的语文教学有现实指导作用。

　　《怎样学习文言文》中的文章成书于上世纪八十年代，张中行先生以其五十余年从事语文教学及编辑工作的学养，亲切平易地介绍了文言的相关知识，把讲文言或学文言时所可能遇到的困难，给读者一一指明，并且告诉读者怎样去克服。正如一个有经验的障碍跑运动员指点后来者怎样通过那花样繁多的重重障碍，为初学文言者指明了门径。

《怎样作文》是张中行先生所著的一本关于如何写作的书，是一位与语文打了半个多世纪交道的行家对自己写作经验和体会的总结。对有关作文的各个方面加以剖析和论证，语言亲切，道理平实，教者与学者均可从中获益。

这套书篇幅都不大，但毫无疑问都是中学语文学习、教学的经典，就像朱自清先生对《文心》的评价一样，"不独是中学生的书，也是中学教师的书"，而且常读常新，对于当前的语文学习、教学更具有极大的启发性。经典是不会过时的。

中华书局编辑部

2017 年 1 月

目　录

1

目　录

一 缘 起

　　多年以来，不只一次，承有些年轻人的厚意，问作文（只是普通的"作文"或"写作"，不是专业的"创作"）之道。这使我很为难。主要原因是自己写不好，对于写作秘诀之类更是毫无所知。其次，就算有一点点经验，也是杂乱而模糊，难于理出个头绪来。再其次，作文，同其他工艺一样，应该有法；可是法很灵活，几乎无往而不可，这就是前人常说的文无定法，可意会不可言传，怎么说呢？

　　以上是想法的一面。还有另一面是想说说。这倒不是遵守"诲人不倦"的古训，而是看到：不少热心向学的青壮年，欲前行而有不辨路径的烦恼；还有不少与语文专业有关的人，或既讲又作，或不讲而作，费力很多而收效不大。不辨路径是不知，收效不大是所知未必恰当，总之都需要"明辨"，然后"笃行"。

我的所知中有什么可以称为"明"的吗？很少。但"愚者千虑，必有一得"，几十年来未断舞文弄墨，所得虽然很少，经验和想法还是有一些的。"家有敝帚，享之千金"，就把这敝帚拿出来，供需要清路前行的人使用，或仅仅作备用，总不是没有意义的吧？

我的作文经验，从小学，跟随秀才老师，白天听讲《共和国教科书》，夜里背"孟子见梁惠王"，坐冷板凳，用红格毛边纸，写"人生于世……"开始。以后，读三十年代的新文学作品，纪元之前之后的古文学作品，其间还读了些异国外道（儒之外）的著作，这有如吃杂拌，多尝，比较，似乎能够辨别出一些高下的滋味来。这是"眼"的一面。"手"的一面很不行，譬如说，没有学过"破题""承题"的八股文，没有十年寒窗，专力追踪韩文公和姚惜抱。但随手涂抹却是久已成为习惯，因而收获虽然很可怜，甘苦却是尝得不少的。下文想写的大多是这些甘苦。因为只是甘苦，所以全文谈不到周密的计划，谈不到严紧的系统。大致依思路的顺序，先想到的先写，后想到的后写；写某个方面，也是有所见，有所感，多写，没有，不写。这有如讲一件上衣，先讲领子，然后也许是前襟，也许是袖子，前襟与袖子相比，详略也不一定，大大小小有关的都讲完，住笔。

上面说到作备用，这个意思还得补充几句。记得当年在讲台上对着课本或讲义哄年轻人，开场白中总要约法二章：（1）教师讲的是教师个人的看法，仅供参考；学生容许有自己的看法，甚至应该有自己的看法。（2）教师非全知全能，也会讲错了；如果错了，教师和学生都应该平淡视之，不要觉得不好意思。现在，谨把这个老想法再说一遍，希望高明的读者能够以苏东坡的雅量待之，不弃"姑妄言之"而已。

二　什么是作文

这个题目似乎用不着谈，因为小学中年级的学生已经熟悉。作文是一门课，上课，教师出题，学生围绕题目思索，组织，分段编写，至时交卷，教师批改，评分，发还，如是而已。我当年也曾这样理解。因为这样理解，所以一提起作文，心里或眼前就有两个影子晃动。影子之一，这是严肃艰难而关系不小的事，比如说，课堂之上，如果写不好，等第就要下移，不体面；考场之上，如果写不好，分数就会下降，有名落孙山的危险。影子之二，作文要成"文"，文有法，如就题构思、开头结尾、组织穿插等等，必须勤摸索，牢牢记住，执笔时还要小心翼翼，以期能够不出漏洞，取得内行人的赞叹。两个影子合起来，说是等于枷锁也许过分，至少总是大礼服吧，穿上之后，就不能不正襟危坐，举手投足都要求合乎法度。回想小学时期，作文课就是这样兢兢业业度过来的。那时候还视文言为雅语，作文争取用文言，在两个影子笼罩之下，一提笔就想到声势，于是开头常常是"人生于世"，结尾常常是"呜呼"或"岂不懿欤"。老师当然也欣赏这类近于"套数"的写法，因而多半是高分数，有时还留成绩，受表扬。自己呢，有不少年头也以为这条路是走对了。

后来，渐渐，知道这条路走得并不对，即使不全错，也总是胶柱鼓瑟。认识变化的历程，河头驿站，游丝乱草，相当繁杂，不能多说。打个比方，起初旧看法占据天平的一端，因为另一端是零，所以老一套显得很重。以后日往月来，读，思，写，新的成分逐渐增多，终于压倒了旧的一端。为了明确些，这新的成分，也无妨举一点点例。例之一，某作家的文章谈到，民初某有怪异风格的散文大家谈他的作文老师，乃是一本书的第一句，文曰："放屁放屁，真正岂有此理！"好事者几经周折，才找到这位老师，是清末上海张南庄作的怪讽刺小说《何典》。我幸而很容易地找到此书的刘复校点本，读了，也悟出一些为文之道，是"扔掉一切法"。例之二是读《庄子》，如《知北游》篇答人问"道恶乎在"，说是"无所不在"，然后举例，说"在蝼蚁"，"在稊稗"，直到"在屎溺（尿）"。这是"扔掉一切法"的反面一路，"怎么样都可以"。一面是法都错，一面是怎么作都合法，这矛盾之中蕴涵着一种作文的妙理，用现在的习语说是"必须打破框框"，或者说积极一些是"必须解放思想"。

本篇的标题是"什么是作文"，这里就谈在这方面的解放思想。作文是一门课程，提到作文，我们就想到这是指教师命题学生交卷的那种活动，自然也不错。不过，至少是为了更有利于学习，我们还是尽量把范围放大才好。事实上，这类编写成文的活动，范围确是比课堂作文大得多。情况很明显，课堂作文，一般是十天半个月才有一次；而在日常生活中，拿笔写点什么的机会是时时都有。这写点什么，内容很繁，小至便条，大至长篇著作，中间如书信、日记等，既然是执笔为文，就都是作文。总之，所谓作文，可以在课堂之内，而多半在课堂之外。

课堂之外的作文，可以不用标题的形式，或经常不用标题的形式。自然，如果你愿意标题，譬如写一封信完了，可以标个"与某某书"或"复某某的信"一类题目。考察写作的情况，大都是心中先有某性质的内容，然后编组成文，然后标题；作文课是练习，"备"应用，所以反其道而行之。学作文，知道一般是文在题先，甚至无题也可以成文，会少拘束，敢放笔，多有机会驰骋，是有好处的。

课堂之外，凡有所写都可以成文，因而文不文就与篇幅的长短无关。司马光等写《资治通鉴》，全书近三百卷，是作文。《红楼梦》第五十回"即景联句"，不识字的凤姐编第一句，"一夜北风紧"，李纨续第二句，"开门雪尚飘"，都只是五个字，也是作文。

文，目的不同，体裁不同，篇幅不同，写法不同，自然有难易的分别。却不当因此而分高下。一张便条，写得简练、明白、得体，在便条的范围内说，同样是优秀的。

前些年，提倡言文切合，有所谓"写话"的说法。上面几段主张作文的范围应该扩大，是否可以说，作文不过是话的书写形式，说的时候是话，写出来就是作文呢？可以这样说，因为种种性质的意思，都是既可以说出来又可以写出来的。但那样笼统而言之，并不完全对，或并不时时对。有时候，口里说的，写下来却不能算作文。例如你念杜牧诗《山行》，很喜欢，吟诵几遍，怕忘了，拿起笔来写，"远上寒山石径斜……"，这是写话，可不能算作文，因为不出于自己的构思。同理，像填固定格式的报表之类也不能算。还有一种情况，思路不清，说话不检点，结果话"很不像话"，应该这样说的那样说了，应该说一遍的重复了几遍，应该甲先乙后却说成乙先甲后，意思含糊不清，等等，这样的话，除非小说中有意这样写以表现某人的颠三倒四，写下来也不能算作文，因为没有经过组织。这样，似乎可以说，所谓作文，不过是把经过自己构思、自己组织的话写为书面形式的一种活动。

显然，这种活动无时而不有，无地而不有，就是说，远远超过课堂之内。这样认识有什么好处呢？好处至少有两方面：一是有较大的可能把课堂学变为随时随地学，因而会收效快，收效大；二是有较大的可能把与命题作文有关的种种胶柱鼓瑟的信条忘掉，这就会比较容易地做到思路灵活，文笔奔放。总之，为了化敬畏为亲近，易教易学，把作文由"象牙之塔"拉到"十字街头"是有利无害的。

为什么要作文？问题很简单，却可以有不同的答复。"因为学校有这门课"，这是背着书包上学不久的孩子们的可能想法。"因为有些场合要考作文"，这是上学已久将要离开学校的大孩子们的可能想法。"因为有些意思，不只要说，还要写下来，甚至不必说而必须写下来"，这是近于"三十而立"直到老成持重的许多人的可能想法。所谓"必须写下来"，情况各式各样。想要告诉的人不在跟前，说话听不见，只好写，如书信之类。有时候，在跟前时并不少，但为了表达得更柔婉，更恳挚，却宁可写而不说，如有些书信之类。还有时候，并不想告诉人，却为了备忘，必须记下来，如日记、札记之类。更多的时候是有所思，有所信，自认为应该传与广大读者，包括十世百世的后来人，这就是各种性质的著作之类。这最后一种情况，古人也早注意到，如《左传》襄公二十五年引孔子的话："言之无文，行而不远。"这个说法，我们现在来发挥，似乎可以说，有所思，有所感，只说不写，就不能打破空间和时间的限制；发挥得积极一些就是，有所思，有所感，写下来，就能打破空间的限制，让千里以外甚至全世界都知道，并打破时间的限制，让千百年后的人都知道。一般说，作文之为必要，理由不过如此而已。

这就又碰到上文提到的"写话"问题。"言"是"话"，写成书面形式，成为"文"，于是可以行远。这样说，作文不过是把语音变为字形，其为必要，或说优点是可以行远，即打破空间和时间的限制。这个优点分量很重，因为，如果没有这个优点，文化就几乎会断种，或至少是停滞，人类的文明自然就难以滋生光大。但是不是作文的价值就止于此呢？应该说不止于此。有文化的成年人都听过大量的话，读过相当数量的单篇文章和整本著作，如果两者的内容像物一样，都可以集成堆，然后察看，比较，就会发现，话的一堆和文的一堆，且不管"量"，在"质"的方面原来有相当大的分别：话轻文重，话粗文精，话低文高，等等。总之，文所传的不只是话，而远远超过话。

这超过的情况有多方面，这里说说主要的。

一是精确。又可以分作三个方面。（1）简练。同一种意思，同一个人，用话表达，常常会不经意，因而难免冗赘、拖沓、重复；写成书面，总要经过思考斟酌，因而会简练得多。（2）有条理。说话，有时会出现这样的情况："没想到，说了话不算了，他。""中午下班，剩两车没卸，还。""……忘说了，那是上午布置让下午讨论的。""重九登高总算大家团圆了；中秋赏月大哥出差，没参加。"写成书面，多少要用一些组织的功夫，就不会出现这样颠三倒四的情况。（3）确切。同一种意思，用以表达的词句可以很不同。不同的词句,有价值相等的可能性,但不多;经常是有高下之别。譬如由高到低可以排成如下的行列:恰如其分,大致明白,意思模糊,似是而非,大错特错等。同一个人,用话说,常常脱口而出,所用词句未必是恰如其分的;用笔写,选词造句总要费些心思,甚至还要修改,达到恰如其分的机会就大多了。

二是深远。深远的对面是浅近。话,从理论方面说自然也可以不浅近而深远,但实际上,与文相比,总是偏于浅近。因为习惯如此,所以无妨说,想表达深远的内容,我们要用文,不宜于用话。这所谓深远的内容,可以包括种种方面,这里作为举例,只谈两个方面。(1)难明之理。最典型的是哲理,如下面两处(为了简明,举文言。下同):

a. 道可道,非常道;名可名,非常名。无名,天地之始;有名,万物之母。故常无欲以观其妙,常有欲以观其徼。此两者同出而异名,同谓之玄,玄之又玄,众妙之门。(《老子》第一章)

b. 物无非彼,物无非是,自彼则不见,自知则知之。故曰:彼出于是,是亦因彼,彼是方生之说也。虽然,方生方死,方死方生;方可方不可,方不可方可;因是因非,因非因是。是以圣人不由而照之于天,亦因是也。(《庄子·齐物论》)

像这样深微的内容,用文表达,词语典重而意义精辟;用话表达,即使非绝不可能,总是很难的。(2)难表之情。最典型的是诗词,如下面两处:

a. 锦瑟无端五十弦,一弦一柱思华年。庄生晓梦迷蝴蝶,望帝春心托杜鹃。沧海月明珠有泪,蓝田日暖玉生烟。此情可待成追忆,只

是当时已惘然。(李商隐《锦瑟》)

b.凌波不过横塘路,但目送芳尘去。锦瑟华年谁与度?月台花榭,琐窗朱户,只有春知处。   碧云冉冉蘅皋暮,彩笔新题断肠句。试问闲愁都几许?一川烟草,满城风絮,梅子黄时雨。(贺铸《青玉案》)

像这样的幽渺之情,不用文而用话,总是很难表达的。

三是优美。话可以说得美。《论语》推重宰我、子贡的口才,说:"言语,宰我、子贡。"可惜没有举例。《左传》《国语》等史书里还保存不少所谓辞令;远远之后,像《红楼梦》里凤姐的巧言也是好例。不过比起书面的花样,那就显得寒伧多了。书面的花样,文言里尤其多。最突出的是韵文,由《诗经》开始,之后的"乐府""唐诗""宋词""元曲"等都是。还有我国特有的骈文,四六对句,如王勃的"落霞与孤鹜齐飞,秋水共长天一色",苏轼的"挟飞仙以遨游,抱明月而长终",都是大家熟悉而百读不厌的名句。散文写得美的也很多,写景的如《水经注》和柳宗元的游记,言情的如晋人杂帖和苏东坡的小简,都值得反复读,仔细吟味。五四文学革命之后,白话作品,写得美的也很有一些,如鲁迅的《百草园》,朱自清的《荷塘月色》等都是。这种种优美的精神财富是文创造的,用话,恐怕很难,而且由于不成文法的分工,如果话一定要越俎代庖,我们听着也许会感到过于造作吧?

由此可见,文是话的书面形式,却又超过话的书面形式;它有大本领,有大成就。由利用它的人这方面说,它是表情达意的更好的工具,学会使用它就会有大成就,才能有大成就。这样,人生上寿不及百年,柴米油盐,杂事无数,还要不惮烦而用力作文,其原因就是非常明显的了。

四　言为心声

　　课堂作文，假定教师的评定是正确的，有好坏；好的分数高，比如八九十以上，坏的分数低，比如五六十以下。课堂之外的大著作也是如此，有高有低。分高低，主要看两个方面：（1）内容，也就是所表达的是什么事实、什么知识、什么思想感情等；（2）怎么表达的，也就是用什么体裁，行文能不能确切、简练、优美、有条理等。内容和表达可以协调，也可以不协调。以古代子书为例：《孟子》协调，思想成一家之言，文笔雄伟畅达，如江河一贯而下，欲罢不能；《韩非子》和《论衡》不怎么协调，前者有些篇为专制君主集权策划，思想差些，可是文章写得好，出言锋利，头头是道，后者思想高超，可是文字差些，既不简明，又不流利。评论文章高低，主要看内容呢还是看表达？内容当然是首要的，但过分强调，至少就谈论作文说，也许会产生轻视表达的偏向，所以不如用个不左右袒的圆通说法，二者不可偏废。

这里先谈内容。题目用"言为心声"，这是随手抓来一个常用的成语，表示作文应该做到写心；如果按字眼抠，那就不如用扬雄《法言·问神》篇所说"言，心声也；书，心画也"的后半，"书为心画"。但这太冷僻，不大众化，只好割爱，而用烂熟的。只求读者记住，这里虽然用"言"，用"声"，本意却是说"文"，说"形"，即仍是谈作文。

作文，评高分，先要内容好，理由用不着说。问题在于怎么算好。好坏是内容的评价；谈评价之前，先要知道内容都包括哪些"内容"。这真是一言难尽；如必欲一言以尽之，也可以说，凡是自己听到的（包括读到的）、看到的、想到的、感到的，只要是有益而无害的，无一不可为作文之内容。举例说，可以是大事，如赤壁之战，小事，如《红楼梦》中焦大骂街；可以是伟人，如王安石，细人，如阿Q；可以是远物，如河外星云，近物，如臂端十指；可以是实事，如吃饭喝水，虚事，如仲夏夜梦；等等。但情景虽万千，却可以归类，甚至可以综合为外、内两类：外界事物为己所知，或总称之为知识，是"外"；有时明显受外界影响，有时不明显受外界影响，心中形成某种思想感情，是"内"。这外、内之分，不少讲认识论的哲学家会抱怀疑态度，那就算作"方便说"也好。方便说之，区别还是有的，比如在司马迁的眼中，汉高祖刘邦大有流氓气，这是他的思想感情，属于内；但不管他高兴也罢，不高兴也罢，刘邦终于成了帝业，可以作威福，传天下，这不因他的思想感情而有小变，属于外。作文，内容不过是这外和内，或外和内的融合。换个说法，所写不过是知识和思想感情而已。

已经知道什么是内容之内容，这就可以转入本题，问问应如何评价，也就是要用什么标准评定内容的好坏。这可以从四个方面衡量。

一是看是否"真实"。就是说，无论写外写内，都真实就好，虚假就不好。真实，有客观的，有主观设想的。某日某时月蚀，由初亏到复明经历多长时间，是客观的真实；前几年传说东北发现大蟒，曾吞下吉普车，一青年告诉我，绘影绘声，我不信，他急得捶胸顿足，这是因为他设想这是真实的。此外，小说、戏剧等是创作，或者可以名之为艺术的真实，性质不同，须另作处理，这里不谈。写文章，记述外界事物，当然最好符合客观的真实。但这常常不很容易，例如司马迁写垓下之围，项王歌，虞姬舞，大似耳闻目见，难道实况真是这样吗？不管信或疑，反正无法证明。因此，在这方面，我们最好（1）要求增长知识，笔下不出现过于荒唐的笑话；（2）不得已而取其次，一定要有根据确信它是真实的。

还会出现自己不确信为真实的情况吗？不只会，而且不稀有。正如说假话，成文也同样可以不出于本心。随便举两个例。三国时候有个陈琳，曹丕《典论·论文》赞扬他长于章表书记，是建安七子中的佼佼者，可巧《文选》选了他两篇这类文章，可以让我们见识见识。前一篇是《为袁绍檄豫州（刘备）》，后一篇是《檄吴将校部曲》，都收入卷四十四，更有意思的是两篇紧紧相连。前一篇是吃袁绍饭时候写的，所以大骂曹操，不只说曹操"赘阉遗丑，本无懿德"，而且上及其祖曹腾，是"饕餮放横，伤化虐民"，其父曹嵩，是"乞丐携养，因赃假位"，正好骂了三代。后一篇是后来吃曹操饭时候写的，所以大捧曹操，是"丞相衔奉国威，为人除害"。同是一个曹操，忽而是小丑，忽而又成为天人，这样立言，所写会是自己确信的真实吗？这或者应该算作文人无行，可以不在话下。我们无妨再看看另一位，是大名鼎鼎、言不离"道"的韩文公。他作《师说》，任国子博士为人师；但知师者莫如弟子，且看他的门人刘叉怎么说。《新唐书·韩愈传》附《刘叉传》记载，刘叉为什么事跟他闹翻了，离去时拿了他不少钱，说："此谀墓中人得耳,不若与刘君为寿。"以谀墓之文换钱,这所写也显然不是自己确信的真实。古人有这种情况,现在呢? 我们还常听到"违心之论""言行不一致"一类的话,所以仍然要警惕。因为所写非自己确信的真实,轻言之是没有给人读的价值,重言之是反而出丑,所以不能不视为写作的大忌。

二是看是否"通达"。就是说,文中如果有自己的什么思想认识,这思想认识即使够不上什么惊人的创见,如哥白尼的地动说、达尔文的进化论之类,也总要用现时的知识水平衡量,绝不含有陈腐愚昧至于使人齿冷的成分,如变相的《太上感应篇》《麻衣神相》之类。见识正确,才谈得到通达。前很多年听到一个故事,是讽刺毫无新意的文章的,文章以"二郎庙"为题,其中有这样的警句:"夫二郎者,大郎之弟,三郎之兄,而老郎之子也。庙前有二松,人皆谓树在庙前,我独谓庙在树后。"其实,由宋朝经义发芽,一直繁盛到清末变法时的八股文,与这二郎庙的妙文,就内容的无价值说,并没有什么两样,虽然也费了心思,费了笔墨,结果是作了等于不作,甚至不如不作,原因就是不通达,或说没有见识。自然,作文,尤其初学,要求内容必有新意,必不失误,标准难免过高。我们无妨从消极方面要求,就是,虽然意思不新,不深,甚至多值得商榷,但确是经过思索,言之成理,不是人云亦云,甚至将错就错。见识是学而思,思而学,逐渐增长的,未可一蹴而就;但作文要重视见识,写见识,却是由一执笔就应该长记于心的。

三是看是否"恳挚"。通达主要是就见识说,恳挚主要是就感情说。写文章,目的是让看到的人信服,求人信服,自己先要有可取的见识;还要让看到的人感动,求人感动,自己先要有恳挚的感情。有些文章可以不包括作者的感情,现代的,如科学论文、出差证明之类;古代的,如《竹书纪年》《天工开物》之类。但绝大多数含有作者的感情,也最好含有作者的感情。《史记》是记人记事之书,照理应该客观地据实陈述,可是就连

写经济状况的《货殖列传》，也在许多地方一唱三叹。范缜《神灭论》是
讲哲理之文，照理应该平心静气，可是义愤之情却溢于言表。像这样的著
作，因为感情真挚而充沛，所以后人读了会受感动，甚至洒同情之泪。作
文，凡可以含有感情的，这有如画龙点睛，应该以表现感情见分量，显奇妙。
孟棨《本事诗·事感》记白居易曾因小蛮作杨柳词："一树春风万万枝，
嫩于金色软于丝。永丰坊里东南角，尽日无人属阿谁？"得到唐宣宗的
赞赏。这首七绝前三句只是描写外物，照猫画虎，意思平平，及至加上第
四句的怅惘之情，分量立即重了，以至感动了皇帝，这就是以感情点睛的
手法。

感情要恳挚，甚至恳挚到近于痴也无妨。《牡丹亭》之感人，主要在于
杜丽娘之痴，这痴甚至掩盖了死后复生故事的荒唐。恳挚的反面是轻薄。
恳挚与轻薄对比，一好一坏，可以借用王国维《人间词语》的两段话来说明：

　　a."昔为倡家女，今为荡子妇。荡子行不归，空床难独守。""何
不策高足，先据要路津？无为久贫贱，辗轲长苦辛。"（案皆出《古诗
十九首》，引文有小误）可谓淫鄙之尤，然无视为淫词鄙词者，以其真
也。

　　b.艳词可作，唯万不可作傺薄语。龚定庵诗云："偶赋凌云偶倦飞，
偶然闲慕遂初衣。偶逢锦瑟佳人问，便说寻春为汝归。"其人之凉薄
无行，跃然纸墨间。

言为心声，文是为人的写照，人无真情是凉薄无行，文无真情的结果也就
可想而知了。

四是看是否"高尚"。就是说，所表现的知识、思想感情等能不能引导

人，促使人求好、求向前、求向上，能是好的，不能是坏的。这里我们会碰到一个较玄远的问题，什么是好、是向前、是向上？幸而常识上我们大致有个共同的认识，比如颓废不如精进，后退不如进步，残暴不如宽厚，损人不如利人，利私利己不如为国为民，等等，因而这里无妨假定有个明确的标准。这标准是道德的，因为是道德的，它就不只统辖作文之道，而且统辖立身治世之道。也就因为这样，所以从理论的角度看，它似乎比前面提出的"真实""通达""恳挚"更根本，虽然未必更明显。说它更根本，是因为它管的面更宽，影响更深厚。比如说，不管作者的感触、思想怎么奇怪，把颓废、落后、盗窃、残忍等坏行为描画到书面上，而丝毫不表示厌恶、反对，总是错误的。从积极方面说，无论长篇短札，想要感人寿世，就必须合乎道德的要求，有助于读者的求好心、向前向上心。

本节将要写完，复阅一过，发现谈内容，竟由无不可写而滑到道德要求，这岂不是本想不衫不履而终于正襟危坐了吗？不过这是心之声，即使枯燥无味，也只得如实地献与读者了。

五 辞达而已矣

"辞达而已矣"是《论语·卫灵公》篇的一句话，这里借用，是想谈谈作文的表达方面的概括要求，写到什么程度算妥善的问题；这个问题，简明而合适的答复是"辞达而已矣"。辞，原意是说的话，我们现在借用，范围要扩大，兼指语言文字，谈作文，还常常专指文字。"达"包括两个方面，用佛家的术语，一个方面是"所达"，即意思，或说知识、思想感情等；一个方面是"能达"，即语言文字。所谓达就是能达与所达一致，换句话说，语言文字所表达的与心里想的一模一样。这一模一样，还可以说得更浅近，更明白。打个比方，甲乙两方，甲能用一种特殊的办法，让乙看到自己的思想感情流（也许已凝聚为模糊的语言文字），然后委托乙转换成文字，乙做了，让甲检查，甲觉得文字所表达的恰好是自己的思想感情流，而且简练明确，正如宋玉《登徒子好色赋》所说："增之一分则太长，减之一分则太短，着粉则太白，施朱则太赤。"作文，从表达方面说，一般的要求，也是相当高的要求，不过是这"辞达"而已。

上面的话说得稍嫌粗略，还需要分析。

很多人都知道，清末一位翻译大师严复，翻译赫胥黎《天演论》的时候，在《译例言》的开头说："译事三难：信、达、雅。"我们无妨从这里说起。先说严氏的三难——其实是四难，除信、达、雅以外，还有一难是三者有时难于兼顾。"信"是忠于原文，比如原文意义是东，变成译文正是东而不是南、西、北、中，谓之"信"。但这也很不容易，即以严氏为例，《天演论》书名照原文应译为《进（"演"好一些）化论与伦理学》，正文第一句原意是"我如何如何"，严氏译为"赫胥黎如何如何"，这是迁就"雅"而放弃了"信"。不得不离开原文译是表面的难。还有深一层的难，是两种语言常常难于恰好对应。以"有学识"为例，在赫胥黎时代的英国，要包括通拉丁文、读过亚里士多德的著作等等，在中国则指通经、史等旧学，都是有学识而内容不是一回事。"达"是明白，在这方面，严氏也是偏重"雅"，译文用了秦汉式的古文，并且说："实则精理微言，用汉以前字法、句法则为达易。"（《译例言》）这至少就现在说，多数人会不同意，因为如不通晓文言就不能一看就明白。"雅"，严氏指语言的"古"，对面的"今"，如白话小说之类是"俗"。这是受时代偏见的局限，不必深责；至于我们现在，谈到雅俗，总是联想到品格以及表现在思想感情和行动方面的正派或不正派。这与我们想分析的事物关系不大，且撇开不谈。

撇开严氏的"雅"，只保留"信"与"达"，我们分析"辞达"的问题会感到更方便，因为眉目更清楚：信，要求书面写的与心里想的一致；达，要求除自己以外，一切看到的人（受者）一见就觉得明白易晓，并且感知的内容与传者心里想的一致。问题在于怎么样算"一致",怎么样算"明白"。

　　"一致"可以有两种意义:一种,可以名之为"个体"或"实质"的一致;另一种,可以名之为"类"或"相通"的一致。甲有某种感受,这感受为甲所独有,是"个体"的,为甲所实有,是"实质"的。由甲自己写出来,表现为文字符号,比如"牙疼很不好受"。文字符号的意义是概括的,它可以指甲实有的个体,也可以指甲以外的别人的同类的无限个体。因此,对于甲实有的个体,文字符号可以包括它,指示它,而不能一对一地等于它,也就是不能一致。甲写的文字符号(牙疼很不好受),乙看了,觉得完全理解。其实所谓理解,不过是设想,甲的感受一定就是某种性质的感受。这某种性质的感受为乙所独有,是"个体"的,为乙所实有,是"实质"的,也可以由"牙疼很不好受"的文字符号包括、指示,却与甲的感受不是同一个"个体"。个体非一,应该说没有一致的可能;即使有可能,也没有办法检查是否真正一致。总之,无论拿写者的感受与文字符号相比,还是拿写者的感受与读者的感受相比,都不能有前一种意义的一致。但是,文字符号可以适用于同类的无限个体,是"类"的;是大家共用的,甲可以用之"传",乙可以用之"受",是"相通"的。不同的个体属于同一类,通过文字符号,甲和乙可以相通,这样,只要表达和理解是确切的,我们无妨说,无论拿写者的感受与文字符号相比,还是拿写者的感受与读者的感受相比,都是一致的。显然,作文的"辞达"只能指这前一种意义的一致,就是,作者所想表达的实体,恰好属于用以表达的文字符号的"意义类"。这意思可以说得通俗一些,就是,写的同想的一模一样。

　　写的会不同于想的吗?不只会,而且常常见。词语不当、造句有误、篇章混乱等就是这种情况。举两个突出的例:想的是"团结"什么人,却写成"勾结"什么人,想的是"我对小说"很感兴趣,却写成"小说对我"

很感兴趣，其结果就是写的与想的南辕北辙，读者的理解自然也就不能与写者想的一致了。作文要避免这样的不一致，从正面说是要做到"信"或"一致"。这是一方面。

还有一方面是要求"达"，或说"明白"。已经"一致"了，还会有不明白的情况吗？这里的意思是，一种意思，用以表达的方式（选用什么词，组成什么句式）不只一种，不同的表达方式，效果常常不一样，我们要分辨好坏，衡量得失，选用那效果最好的。所谓效果最好，是表意确切，简明易晓。想做到这样，下笔的时候还要注意以下几点。

（1）语言要是通用的，就现在说是普通话，因为懂的人最多，明白易晓。在这方面，戏剧电影等早已注意到，比如故事是上海的，演员说的却是普通话，这是为了"达"而宁可丢掉一些"信"。准此理，非必要的时候，最好少用方言（如不说"追"而说"攉"），少用专业语（如不说"胡子"而说"髯口"），更不要生造词语（如"冠帽""乘骑""茁强"之类），等等。

（2）语句要尽量求明确。有些话，比如"念了很久，觉得腹内空空"，看字面也清楚，可是仔细捉摸，"很久"究竟指多长时间，不定；"腹内空空"指所知不多还是指肚子饿，也不定。像这种地方，最好换用明确的说法，以求不生歧义。

（3）语句要尽量求简练。古人说"辞达"，后面还有"而已矣"，意思是能达就够了，不必"瘠义肥辞"（《文心雕龙·风骨》），多费话。有的人提起笔，总怕词语力量有限，不保险，愿意多用一些，比如"我用手拿起来，用眼睛一看"之类。这样写自然意思也不错，不过那既然完全同于"我拿起来一看"，就不如少费一些笔墨，意思反而更显豁。

（4）语句要尽量求朴实，能够用本色的话说明白，就不多方修饰；能够用质直的话说明白，就不多绕弯子。所谓"辞达而已矣"，汉人的解释是：

"凡事莫过于实，辞达则足矣，不烦文艳之辞。"宋人的解释是："辞取达意而止，不以富丽为工。"当然，有时候，文艳、富丽也不一定非必要，问题是有不少人，在非必要的时候也偏偏大量堆砌形容词语，追求文艳、富丽。朴实反对的是这种扭捏造作，言过其实。

有思想感情需要写出来，能够用确切、简练、朴实的通用语言，而书面上的文字又恰好与心里的思想感情一致，这样的境界，作文如果能够达到，从表达方面说也就够了。当然，文章的好坏还要取决于，甚至主要取决于内容的好坏。这在前面已经谈过，不重述。

六 言文距离

　　前面曾经谈到"写话",谈到用普通话写,其中都隐含着作文中的言文距离问题。这个问题包括两个方面:一、言文能不能尽量相近甚至重合;二、如果可能,应该不应该尽量相近甚至重合。显然,作文,提起笔,考虑用什么样的语言文字好,就不能不先想想这两个问题。问题相当复杂,不是简单的"是"或"否"能够轻易定案的。这里先从能不能谈起。

　　有人说,言文分家是战国以后的事;之前,言文一致,说出来是言,写出来是文。这看法也许是对的,但也不免有疑点。《论语·述而》篇有"子所雅言"的话,这说明孔子并不处处用雅言;孔子是"从大夫之后"的上层人,尚且如此,平民之言就可想而知了。文当然是雅的,雅,就不免与俗言保持一定的距离。这距离是"质"的方面的。还有"量"的方面,当时记言

22

工具笨重，书写困难，为减少困难，不能不求简。《论语》是"语"的集存，可是像《颜渊》篇所记，"齐景公问政于孔子"，孔子答"君君，臣臣，父父，子子"，就似乎并不是原话，因为这样硬邦邦，近于失礼且不说，意思也显然欠明晰。原话可能是委婉而细致的，到书面上变成八个字，是记言者用了简化的手法。总之，就是在战国以前，言文即使很接近，也总没有到重合的程度。

秦汉以后，言文分家，各奔前程的情况，是大家都知道的。说到原因，不同的人会有不同的看法。最简单的解释是文人好古，好雅；文言是古语，是雅语，所以一提笔就愿意"且夫""之乎者也"等等。这解释，好处是简单，也失之太简单，因为，文化之流向不能完全决定于一些人的爱好。就是说，还会有另外的甚至更有力的原因。我个人一直想，文言之所以能够独霸两千年，更重要的原因恐怕是，方言过于分歧，俗言过于散漫，反而不如用文言之能够行远。此外还有一个不可轻视的原因，是学什么用什么，顺老路比创新容易。举例说，苏东坡的本事是从庄子、太史公等人那里学来的，写文章，你不许他仿《庄子》《史记》而限定仿宋人话本，他一定感到非常别扭的。

不管怎样，反正文言独霸的局面已是既成事实；换句话说，纵观历史，可知言文并未一致。但这还不能证明言文必不能一致。就是就我国历史说，在文言独霸的中古时代以及其后，言文很接近的文也还有一些。一种是"语录"，这是和尚的创造。不久之后，以反对和尚自负的宋朝理学家也学了去，成为表现哲学思想的一种重要文体。一种是俗文学的讲故事，也是由和尚的"俗讲"开始。其后是民间艺人先学，讲史、说三分等，赚钱糊口，记下来成为"话本"或"平话"。再其后是不能上庙堂的文人也学，不讲而直接写，成为"三言二拍"《金瓶梅》，直到《红楼梦》《老残游记》等等。可见，如果有必要，并且愿意这样写，言文接近甚至重合，至少在理论上，又并非不可能。

五四以后，在这方面起了翻天覆地的变化，文言随着林琴南等老朽的入土而销声匿迹了，代之而起的是"白话"。白话，顾名思义，是口头怎么说，笔下怎么写。许多人努力这样做了；至于是否做到，则是仁者见仁，智者见智，宽厚一些的认为可以通过，严格些的认为只是"像话"，而实际是已经走向建立另一种新文体。这个问题暂且放下，这里只想说明，言文一致已经成为不少人的理想，例如叶圣陶先生就曾说过（我亲耳听到），写成文章，念，要让隔壁听见的人以为是说话，不是读文稿，才算到了家。

达到这种境界容易不容易呢？似乎并不容易，因为有下面一些情况经常在扯后腿。

（1）文像话，还必须以"话能像文"为条件，就是说，事实上有一种境界高的话，内容充实、明晰，语句简练、确切、有条理，流利而不轻浮，典重而不生硬，等等，可以充当"文"的样本。如果"话"不可能或极少达到此境界，则"文"之所以成为文，就应该以"不像话"为条件了。

（2）可以说，从有文献可征的时候起，学作文的和作文的人，其文的老师是"文"，或十之九是文，不是话。现在虽然是五四以后，情况似乎也没有什么两样。因为这样，所以开口是"老师让我明天早晨交作业，晚上不能看电影了"，一动笔就成为"由于老师限定我明日清晨必须交出作业，使得我不得不放弃今晚看电影的心愿"。何以会这样？因为看的读的大多是这种格调，拿起笔就不免要顺着这个路子走。我个人看，文之难于像话，这是最主要的原因。而改变又相当难，因为积累改弦更张的样本，供学习，非短时期所能办——甚至非长时期所能办。阻力是以下两项。

（3）文像话，还要以执笔的人喜欢这个通俗、简易的格调为条件。喜欢，这似乎没有什么难处，其实不然。作文，照话那样写出来，有不少人以为这是下里巴人，不足以显示自己之高雅。于是提起笔来，可以平实的却用力粉饰，可以爽直的却颠倒曲折，可以简单的却添油加醋，也就是尽全力追求"不像话"。

（4）更值得担心的是"像话"比"不像话"似乎更难。古人有归真返朴的说法，这意思用于文，就是绚烂之极归于平淡。常写文章的人有的有这种经验，起初是莫明其妙，不知道怎样用力；其后，一方面吸取他人，一方面自己摸索，道道像是多了，于是广泛利用各种修辞方法，求雅，求美，求奇，等等，这是知道用力了，而且大用力；再其后，知道得更多，有了更高的品评能力和表达能力，反而想避免用力，而宁愿行云流水，行所无事，治大国如烹小鲜，这样写出来，有些人看了反而会觉得平淡朴实而有深味。这种境界，有人称之为炉火纯青，少一半来自眼力，多一半来自手力，手力不到，不能勉强，所以更难。我想，所谓言文一致，追求的应该是这种境界，纵使很不容易。

这种境界是言求精炼、文求平实流利，二者巧妙结合的结果。上一段说到文向言靠拢之难，其实更难的是言向文靠拢。这在理论上虽然非不可能，实际上却罕见。罕见，文想靠拢就会有"皮之不存，毛将焉附"之叹。其结果就成为，就是大力提倡写话的人，其文章的体质和风格，十之八九还是来自"文"以及自己的修炼。这种情势还会有更深远的结果，是文就它同言的关系说，是若即若离，也就是与言接近而又自成一套。

自成一套还有另外的原因。前面谈"为什么要作文"的时候曾举一些难明之理和难表之情为例，说对付这样的内容，似乎就不宜于用言而宜于用文。就现在说，还有一些文体，属于公文性质，如公报、照会以至社论等，习惯上也总不用与言重合的格调。总之，求言文绝对一致，处处一致，不只很难，似也没有必要。

　　不过无论如何，我们总要承认，写文章，就语言的格调说，平实流利如话终归是个好理想；作文时候记住这个，并寤寐以求之，从消极方面说可以不偏入岔路，从积极方面说可以走向平淡朴实而有深味的境界。在这方面，"明辨"同样是重要的，学作文有如行路，也是差之毫厘，谬以千里。到此，我们无妨用一句文言的滥调加重言之，可不慎欤！

七
课堂作文的练功

前面谈什么是作文的时候曾说，作文是把经过自己构思、自己组织的话写为书面形式的一种活动，其范围远远超过课堂之内；并且说，这样扩大范围，练习的机会多，思想可以少拘束，因而对教和学都有好处。这样说，好像我是轻视甚至反对课堂作文的，其实并不然。事实是，课堂作文自有它的可取之处，我们不只可以利用它，而且应该好好地利用它。这样看，理由也很有一些。以下先说消极方面的。

（一）课堂作文是采用他人命题、自己成篇的形式，这种形式虽然像是违反自然，却有客观需要作为基础。人住在社会中，人与人有互相依存的关系，有些事，甲需要乙代做或乙需要甲代做，这代做的事之中显然也要包括作文。远在汉朝，辞赋大家司马相如写《长门赋》，换来黄金，应该说是由陈皇后命题的。

同样，祢衡作《鹦鹉赋》，也不是自己的兴之所至。后代这类事就更多了，最集中的表现是科举考试及其准备，文题都是别人拟定的。应科举考试是作八股文，当然写不出有价值的东西；但我们总要承认，当年许多文人，如归有光和方苞，确是从这里学来技巧，受到锻炼。总之，他人命题、自己成篇的形式，无论从需要方面说还是从成果方面说，都未可厚非。

（二）一个不十全十美的办法总比没办法好。课堂作文不是十全十美的办法，但到目前为止，我们还想不出有什么更好的办法可以代替这种办法。作文，想来不是人的本性所需要，因而要练习就不能不规定个办法限制如何做，这结果就产生了课堂作文。不想作，任性而行就不会有练习的机会；针对此情况，所以命题，限期完篇，总是出于不得已。既然不得不如此，我们就没有理由不接受它。

课堂作文不可轻视，还有积极方面的理由。

（一）它是个很好的练功场所或办法。随着命题的千变万化，个人意趣的千变万化，在一两千字的狭小范围之内，文笔却可以受到各式各样的训练。题材，上天下地，外界己身，泰山沙粒，现实梦幻，无不可写。表达方式，记叙，说明，议论，描写，无不可用。其他如布局、措辞、层次、穿插等，也都有任笔锋驰骋的余地。这种扩大练习领域的好处，主要来自他人命题（假定命题是妥善的）；如果不用命题作文的方式，凭个人观感写，题材范围就会小得多。

（二）这个练功场所，从外表看，性质单调，都是照题发挥，首尾成篇；范围大小有定，每篇一两千字：像是相当死板。但是，只要能够练而见功，它就可以扩而充之，靠基本功应付各种情况。譬如说，推扩到实际，可以放大，写大部头著作；可以缩小，写备忘、便条等。这有如练武术，按部就班，一丝不苟，像是很板滞；及至练成，就可以相敌手之机而变化。

（三）课堂作文，效果高低，要由许多条件来决定。不过无论如何，我们总要承认，在培养写作能力方面，它总不至于毫无成效。就我个人说，小学、中学阶段，两周一次，坐冷板凳，面对黑板上的文题凝思，然后起草，抄清，交卷，当时确也感到是负担，可是后来想想，在思路的条理和表达的清晰方面，它多少总使我领悟到一点什么。我自信是消极应付混过来的，尚且有所得，其他人就可想而知了。

但我们也要承认，就实况说，课堂作文的效果还不像希望那样的好。这自然有不少作文课以外的原因，但课堂作文有待于改进总是事实。怎么改进呢？为了减少端绪，这里不说学制、师资、读书等问题，只谈作文。前面说扩大范围、解放思想有好处，课堂作文求改进，就是要化"拘"为"放"。所谓放，我的想法是这样。

（一）要时时记住，课堂作文是写作练功的场所，是"备用"，不是"应用"。这虽是认识方面的事，看不见，摸不着，却很重要，因为这样想，就可以：（1）扩大练习领域。比如坐科学京戏，演出是应用，在练习场所练功是备用；演出，你也许只扮诸葛亮，至于练功，你就既要能扮诸葛亮，又要能扮司马懿和王平，甚至老军和龙套。课堂作文也是这样，你既要练习写给朋友的信，又要练习写宣言和社论，纵使你毕业之后，永远用不着写宣言和社论。练习的花样多，笔下的技能就会的多，这是好处之一。（2）可以放胆写，不怕错。理由用不着多说，因为不是应用，家丑不至外传，提起笔就不必畏首畏尾。这有如学习书法，初学，可以淋漓奔放，及至有了基本功，求严整精炼就比较容易。

用各种体裁练功，放开笔写，是初步。这阶段在写的方面像是有些乱，却应该有个单一的要求，是通顺，就是说，内容层次要清楚，言之成理；表达方面没有词汇、语法等错误。

（二）通顺之后，还要怎样练功呢？我的想法，可以试试向高难处发展。这好比练杂技，一定要在练习场上轻易地做好更高更难的动作，到演出场所才可以应付裕如。课堂作文的高难练习，可用的办法相当多，这里作为举例，只谈两个方面。

（1）可以于写法的变化中锻炼巧思。这方面的办法是数不尽的。同一个题目，可以练习用不同的写法写：比如一篇是扣紧题写，另一篇是离题写；记叙的题目，偏偏以议论为主，议论的题目，偏偏以记叙为主；等等。同理，记事的文章，可以一篇按时间顺序写，另一篇不按时间顺序写；说理的文章，一篇用赞同的态度写，另一篇用反对的态度写；等等。这样多练习，日久天长，就会领悟到，原来文无定法而笔下却可以有妙法的道理，如果说作文还有什么秘诀，这大概就是秘诀吧？

（2）还可以于写法的限制中锻炼巧思。昔人写作，有些花样近于文字游戏，要求在多种限制中仍能行所无事，巧胜天然。比较突出的如五言长律的联句，一人两句，第一句要是前一联的对句，第二句要是下一联的出句（就是既要受前一个人的束缚，又要给后一个人以束缚）；诗的次韵，凡是押韵的字都要与另一人的诗相同；还有所谓"白战"，作某科题材的诗，限定有些常用的字不许用；最离奇的还有八股文的"搭题"，比如题目既不是"学而时习之"，又不是"不亦说（悦）乎"，而是"时习之不亦"。这类士大夫的消闲之事是历史的糟粕，当然无价值可言，不过就其为一种练习写作的方法说，却仍然值得借鉴。这道理就是，高难的能够不费力地应付过去，到日常应用，需要写的都是没有限制的，自然就轻而易举了。课堂作文怎么利用这种办法呢？方式也多种多样。比如字数，大题可以要求不超过若干字，小题可以要求不少于若干字；某一题目，偏偏不许照常规写（如题目是"我的老师"，限定不写人）；一篇议论文，要求开头就提出结论；

有些不妥当而常用的词语、句式，限定不许用；等等。自然，这类近于文字游戏的练习，要注意不可多用，尤其不可早用；还有，无论用什么方式，都要时刻记住，这是练功，至于应用，那是处理实务，是必须郑重其事，用最适当的方式写的。

最后提一下，课堂作文是好的练功办法，练功是为了应用，而应用则不限定在功成之后，也不应等到功成之后。最好是一面练，一面用，课堂与广大的外界结合，那就可以事半而功倍了。

八 多读多写

前面谈了有关作文的概括知识，到这里才算言归正传，谈谈怎么样才能够学会写。很多有志的年轻人以及不年轻的人，比如教师和学生家长，对这个问题特别感兴趣，希望有谁能传授个秘诀，使学生不费力而言下顿悟。有没有这样的秘诀呢？有，只是不是不费力的秘诀，而是费力的秘诀，说来平常，是"多读多写"。

这自然是老生常谈，不过，如果常谈切合实际，即使听来不新奇，我们也只好承认它。这正如说不吃饭活不了一样，听来简直像废话，我们却不能不承认它。当然，承认秘诀只是多读多写并不是什么称心的事。不久前，连续两次，有年轻人来问准备高考的事，说旁的几门课温习得差不多了，只是不知道语文怎么样才能考好。我说，我不知道出题的同志怎样出题，

32

比如说，一类是偏于考记忆的，内容出于课本，你就要温习课本；另一类不出于课本，甚至有意躲开课本，而考语文能力，如作文、正误等，温习课本自然用处不大。可惜此外也没什么好办法，因为语文能力的提高要靠多读多写，长期积累，不能速战速决。我这样答，等于说没办法，很抱歉，但这是实情，也只好这样说。

其实，学语言的经验应该是任何人都知道。小孩子出生几个月，不上课堂，不查词典，不念语法修辞书，只是听，跟着大人说，一词半句，慢慢就会说了，而且绝不会把"坐车"说成"车坐"。何以能这样？只是因为"熟"。学作文也是学语言，虽然这语言是与口语不完全相等的书面语言。书面语言也是语言，因而学习语言的办法，对于学习作文都适用。比如一种意思要用什么样的词句来表达，意思复杂些，句与句要怎样联系，这说是有规律可循自然也不错，但是拿起笔，实际去写，你就不能先去请教规律，而要听从你熟悉的常用的表达习惯。这习惯是由多次重复的"熟"养成的，而熟则来自多读多写。

俗传一句玩笑话，"千古文章一大抄"，就读他人文章以学习表达方法说，这句话却有相当的道理。一种意思，可用的表达方式（词语及其组织）不只一种，但不管其中的哪一种，都是由前人习用的框架描画或脱化而来。你不读，或读而不熟，有了意思，可用的表达框架茫茫然，拿起笔就难于得心应手。反之，多读，熟了，笔未着纸，可用的多种表达方式早已蜂拥而至，你自然可以随手拈来，不费思索而顺理成章。这是多读作用的初步，因而笔能达意。

进一步，多读，熟悉各种表达方式，领会不同笔调的短长轻重，融会贯通，还可以推陈出新，把意思表达得更圆通，更生动。

多读，所学又不只是表达方面，还有内容方面。这包括两种情况。一种是吸收"思想"（包括各种知识）。学作文，由不会而变为会，由不好而变为好，既要能写，即顺利达意，又要有所写，即有值得写的内容。这内容，说是思想也好，知识也好，至少就初期说，面壁自然悟不出，自己观察研究也所得有限。要有，就不能不吸收别人的，吸收的方法，主要当然是"读"。还有一种是学"思路"。思想，知识，其出现，其存在，都是有条理的，作文的内容必须合乎这个条理。这条理，成文之前就要有，那就是思路的条理，也就是想得头头是道，才能写得头头是道。这思路的条理也是渐渐培养成的，而培养之道，我个人的经验，就一般人说，主要是来自"学"，即读他人的，其次才是"思"，因为思，至少就早期说，绝大部分是顺着他人（所读之文）的路子走的。

多读，熟了，积蓄在两方面增多，既有内容可写，又熟悉如何表达，作文的困难自然就没有了。这样，专靠多读，不多写是不是可以呢？据我所知，有的人，读的方面修养很高，却不轻易动笔，间或动笔，像是功夫还是相当纯熟。这或许就是俗语说的，"熟读唐诗三百首，不会吟诗也会吟"，或者引杜甫的诗句，"读书破万卷，下笔如有神"吧？我想这意思并不完全对，或者说，话说得过于简略，以致我们理解得不全面。事实是，就是不轻易动笔的人，以及"读书破万卷"的杜甫，至少在学习的时期，也是既勤读又勤写的。读而不写，读多了，自然会写的事是没有的。多写的作用也包括两个方面。一方面，由读来的熟悉，必须通过自己的笔才能明朗、巩固，成为熟练。另一方面，写不只随着思路走，还是整理思路的过程，必须常写，内容才可以精粹，更有条理。

多读，要费时间；多写，也要费时间。所以前面称之为费力的秘诀。费力包括两种情况：一是不管上学还是工作，现在都事情多，任务重，多拿出时间有困难；二是多读多写，天天如此，有始难终，难免烦腻。时间少，所以古人"有三余三上"之说，意思就是挤时间。可能烦腻而不得不做，也只好硬着头皮，锲而不舍。

其实，也还有办法可以不硬着头皮。生而好之者也许没有，培养而成为书淫、诗癖的却所在多有。我还记得老师行辈中的一些人，他们亲口说，"多年了，工作之暇，如果眼前没有书，手里没有笔，总觉得没着没落"。就这样，他们有的未及上寿，一生却读了古今中外无数著作，写了上百万字。他们没觉得烦腻，反以为乐，原因就是多年如此，成了难于改变的习惯。准此理，多读多写并非难事，办法是养成习惯，使之成为乐趣。这在最初或者要努一把力，譬如说，无论如何忙，每天总要挤出一定的时间，比如三五十分钟吧，读，写。日久天长，少则一年两年，多则三年五年，读多了，所得之中会逐渐生出需要，生出乐趣；写多了，难化为易，也会感到有所得，因而也就有了需要，有了乐趣。及至感到需要，感到乐趣，说句夸张的话，你就是想戒除，恐怕也难于做到了。

作文的能力是这样培养出来的。你说难吗？也难，也不难。说是难，因为不能一蹴而就；说是不难，因为功到自然成。功到也许是个笨办法；不过，如果笨办法确是有效，那我们还是把它看作灵丹妙药的好，虽然这药不是速效的。

九 熟练与知识

上一节说多读多写是学作文的灵丹妙药，推想不少读者看了会感到不满意。不满意可能有各种情况。（1）想买的是新发明的特效灵方，看看招牌，卖的却还是祖传狗皮膏，未免丧气。（2）因为想快，所以才来问你，得的答复却是快不了，真是大失所望。（3）作文是学语言，语言有规律，不提规律而强调多读多写，轻一些说是少慢差费，重一些说是老框框误人。可能还有（4）（5）等，难于列举。已举的三种，（1）（2），所供非所求，用不着辩解，暂可各行其是，对错留待事实证明。（3）涉及在语言的学习中多读多写与理性知识的关系以及如何利用等问题，就目前说，大家的认识还不一致，甚至很有分歧，所以需要多说几句。

为了头绪清楚，容易说明，（1）我们暂且把多读多写（熟）和理性知识（知）看作可以独立的两条路；

（2）所谓理性知识限定组词造句的知识，即语法知识。两者的关系以及如何利用的问题主要是在教和学中如何处理两者的"分合""轻重""先后"的问题。

分合问题和轻重问题是相关的，这里可以从分合说起。绝对的分也许是不可能的；那么就说相对的分，即重视或有意地重视一面而放松另一面。

小时候听老一辈的人说，他们上学，读，由《百家姓》《三字经》而"四书""五经"，都是先背诵后开讲。讲，也只是释义，如《论语》"学而时习之"，只是说学了还要常常温习它，并不说"学"和"习"是连动结构，"之"是代词作宾语。写，比如准备对对子，先念"云对雨，雪对风，晚照对晴空"，也只是死背，不说"云对雨"是名词对名词，"晚照对晴空"是偏正结构对偏正结构。这是特别重视"熟"的一方面，放松甚至不管"知"，即组词造句规律的一面。

相反的做法，就现在说，即只讲组词造句的规律而不读不写的自然没有，因为语文课的内容是既要学范文又要作文。问题在于怎样对待范文和作文。据说近年来有一种趋势，或者缩小一些，说有些从事语文工作的人和学习语文的人，当然是出于一片好心，愿意在语文的学习中找到多快好省之道。希望费时不多而收获不少，博览经史子集、熟读《史》《汉》一类的老办法自然不能用，于是就想到语言规律。这像是纲，有概括力，如果能够纲举目张，则结果必是闻一以知十，张口执笔都能从心所欲不逾矩，岂不很好？这样想，表现在教和学上是把相当多的力量用在语句分析上，某一词、某一语、某一句是什么结构，某一结构表示什么意义，宜于怎样图解，有什么相关的对错规律，甚至向更深远处发挥，两种邻近的形式怎样划界，各专家有什么不同看法，等等。这是特别重视"知"的一面，即使本意并不想忽视多读多写，而事实上总不能不放松了多读多写，因为时间有限，精力有限，多买了油就不得不少买醋。

　　死背的办法往矣，可以不去管它。以知统熟甚至以知代熟的办法是新的，我们不能不考察一下，效果究竟如何。我没有多的统计材料，但我有时听见年轻人说，他觉得这方面的知识太复杂，题目太难做，功课压着，没时间念课外书，有时拿起笔，有点意思也不知道怎么写。我推测，有这种苦恼的年轻人一定不只三五个，因为我自己的经验，学会语言，读别人写的能懂，自己有什么意思能说能写，主要不是从能够分析语句、记得语法规律来。这有多种理由。（1）学语言同学数理化不一样，主要不是学所以如此说之"理"，而是学所以如此说的"习惯"。所以如此说，有时像是有理可讲，而常常是无理可讲。记得前几年，"恢复疲劳"的说法像是出现不久，有的同志口诛笔伐，认为不通；我说，看有多少人这样说吧，如果已经超过百分之五十，也只好接受，纵使不心甘情愿。一位同志不同意我的向势力屈服的态度，举出逻辑的理由来，我说，要讲逻辑，"救火"早该死亡了，所以不死者，只是因为大家都这样说，只好接受。大家都这样说，即所谓习惯。理容许类推，习惯常常不容许类推，例如你不能由"锁门"类推而说"钥匙门"，不能因为"好容易、好不容易"同义类推而认为"很高兴、很不高兴"同义。理不可靠或不十分可靠，只好学习惯；学习惯，除"熟"以外还有什么办法？上一节曾说小孩子学说话的情况，他们一不上课堂，二不查词典，自然更不讲语法，只是随着大人瞎嘟嘟，渐渐也就学会了，而且绝不会把"坐车"说成"车坐"。到他们已经说惯了"坐车"的时候，你给讲讲这是动宾结构，要动在宾前（可惜这条规律也不是处处可行），自然也无不可，但用处总是不大的。（2）析句，图解，如果真能够指导语言运用，我们就不能不想到一个问题，就目前的语法学水平说，有不少语句还不能分析，至少是没有定论，怎么运用？（3）假定已经定了论，成为明确的规律，我们总要承认，一切语法规律都是概括的（如名词可以用形容词修饰，并不说某一名词可以用某一形容词修饰），容许例外的（如主在谓前，容许主在谓后）。这样的规律，即使能下达，也常常不能判定某具体说法的对错（如"解放问题"错，并不是因为违反语法规律）。（4）有人问你，要答话，或者有点什么意思，需要写出来，你总不能先查核规律，而要出口成章，下笔成文，这当机立断的本事自然只能来自熟。（5）讲规律，不得不大谈结构的威力，其实，如"办事"是动宾，"办完"是动补，显然不是因为先辨清结构才能确定意义，而是因意义而判定结构。（6）解放初期，吕叔湘、朱德熙二位先生写了《语法修辞讲话》，就理而通于实用说，这是个创举，也实在做得切实细致，很多人认为确是可以作为治文病的良药。可是效果如何呢？三十年过去了，文病似乎并未显著地减少以至接近绝迹，《语法修辞讲话》尚且如此，其他未必切合实际的知识就可想而知了。（7）记得同搞语法的同志谈过不只一次，听话，看文章，碰到错误的说法，总是先直观地感到它不对，至于为什么不对，那要后一步，思索一下，才能说出这不合什么法，而更多的是不合习惯。这可以说明，就是在判定对错上，占上风的仍旧是习惯，不是知识。

以上是说，在学习语言方面，知的作用并不像想象的那样大。问题还不到此为止，因为过于强调知，它就不可避免地要扩张地盘，侵犯熟。几个月以前，一个念业余什么学校的年轻人来，求我帮她分析一个文言句子。句子结构复杂，不好办，我就问她分析这个做什么。她说是老师要求全篇都分析，这样掌握了结构规律，学通文言就容易了。这位老师的办法自然过于极端，不宜于当作概其余的例，但它足以说明一种情况，是这样强调知，纵使并不有意地压低熟，也难免产生两种不可忽视的影响：（1）许多时间让分析结构占去，多读多写自然更难做到；（2）有时更严重，使学的人感到如坠五里雾中，越学越莫明其妙。

那么，知在语言的学习中就毫无功用吗？据我所知，有些同志是这样看的，还常常举出理由，说司马迁、鲁迅等都没学过语法。这自然也是事实，不过我们也要承认，他们虽然不背法条，却由于精熟，心中自有未曾察觉的清清楚楚的法。一般人没有他们那样精熟，心中没有那样清清楚楚的法，拿起笔，从心所欲就难免出毛病。这毛病，可以只用熟的一味药治，但我觉得，为了收效快，效果稳定，总不如双管齐下，用熟和知两味药治。说到这里，有的读者或者要产生疑问，因为在对待知的态度上，我像是出尔反尔。其实，这里的问题还是前面谈过的两者的分合、轻重、先后的问题。开门见山地说，我的意见是这样：（1）在分合的问题上，只熟不知的办法不合算，多知少熟的办法不适当，合理的办法是相辅而行。（2）在轻重的问题上，至少就学习内容和学习时间说，熟宜于重，知宜于轻，就是说，宜于在熟的基础上学些知识（也就是语言大致通了，然后借理性认识之力使之更严密、更巩固、更有条理）。（3）在先后的问题上，熟应在先，知应在后。比如在中学讲些语法知识，一位语文专家主张可以放在高中，如果语文课得到改进，高中学生的语文程度"大致通了"，我同意这种看法。不在学校的，如果多读多写已经有了相当的基础，能够找一两种讲汉语知识的书看看，对于提高语文程度一定有好处。此外，怎样教、怎样学、量多少等问题当然还需要研究，这里不想多说。一个总的认识是重要的：知是辅助力量，不宜于喧宾夺主。

一〇　读什么

　　上面两节都谈到应该多读，这就必然引来一个新问题，读什么。问题像是不复杂，却相当难答，因为，如果话说得过于概括，比如"开卷有益"，什么都可以读，意思自然也不错，可是不能实用。如果转到另一极端，说得过于具体，困难就会更多，一是一部二十四史，无从说起，说则挂一漏万；二是指名道姓，好坏深浅都难得处处恰当；三是难免提到仍健在之人，厚此薄彼，可能惹来不愉快。概括一条路不通，具体一条路也不通，这篇命题作文还不得不作，怎么办？只好走中庸一条路，从"性质"方面下手，也就是分析一下与"所读"有关的一些情况，备选择读物时参考。

　　还得先从概括方面说起。记得不只一次，同学习语文、渴望写好了的年轻人谈读什么的问题，我总愿意一言以蔽之，说"要读好的"。这像是一句近于滥调的模棱话，却不得不说，因为取法乎上，仅得乎中，如果取法乎下，所得自然只能是下下了。传说王羲之学书法，起初以卫夫人为师，总是不能满足，及至北上，看到汉魏名家碑版，才卓然成家。其实卫夫人也是"上"手，王羲之不满足，是因为还有"上上"。学作文是一理，说极端一些，如果你诵读的文章就不通，或者百孔千疮，就算你学像了，也不过是不通或百孔千疮。要好，必须取法乎上，最好是上上。过去的古文家，如明朝归有光，一生用力于《史记》，这是取法乎上上，所以造诣能够超过一般人。多年以前，我看到一篇文稿，是个不相识的人写的，文笔有刚劲老辣之气，及至见面，才知道是个二十多岁的人，问他学写作的经历，他说："因为喜欢鲁迅的文章，所以把他的所有作品读了几遍。"这也是取法乎上上。当然，我并不主张只读《史记》和鲁迅作品而不问其他，这里只是举例说明，读好文章是写好了的必要条件，甚至是充足条件。

到此，热心的读者一定要追问，怎么算好呢？这又是个一言难尽的问题。杜甫说："文章千古事，得失寸心知。"这有不很相信世人评论的意味。但是不管作者同意不同意，既然给世人看，世人总是要评论的；而评论则常常是仁者见仁，智者见智。如同是陶诗，写《诗品》的钟嵘不大看得起，到唐宋就成为高不可及；同是评词，王国维《人间词话》特别推崇五代和北宋，这看法，清代的浙派词人当然不同意。这是人心之不同，各如其面。还有同一个人而异时心不同的，最鲜明的例是《儒林外史》写范进中举的八股文，考官周学道初看不成话，再看有些意思，三看就成为天地间之至文，一字一珠了。

这样说，文章就不能分别高下了吗？自然不是。上面说仁者见仁、智者见智是容许小异；这里我们应该重视的是小异之上还有大同。这大同是，文章不只可以分好坏，甚至可以分等级，即使这类评定不是绝对可靠的；所谓不是绝对可靠，意思也只是未必百分之百正确，未必人人同意。这大同之存在是很容易看到的，最有力的例证是历史记载，尤其是文学史，比如古代的《庄》、《列》、《史》、《汉》，唐代的李、杜、韩、柳，宋代的欧、曾、三苏，无论就作品说还是就作家说，几乎都承认是大手笔。这样评定，标准是前面曾经谈到的，一方面是内容好，深刻，妥善，清新，能使人长见识，向上；一方面是表达好，确切，简练，生动，能使人清楚了解，并享受语言美，这里不再详说。所谓读好的，就是读内容和表达两方面都可资取法的作品。

接着一个问题是怎样把选定的原则运用于实际。我们作文是用现代语写，读当然主要也是现代作品，而这些，绝大部分还没有写入文学史，怎么办？办法是：（1）当然是自己能辨别最好，因为最方便，而且常常最可信赖。可惜这办法初学不大能用，那就（2）求助于流行的评论。这常常见于各种形式的文字，杂志报纸上的介绍，书的引言，收入选本（包括课本），甚至出版社的广告，等等；还流传于许多人的口头。这集中到一起，去小异存大同，就可以当作未写入文学史的文学史看。还有更省力的办法，（3）向知者求教。知者很多，文学评论家，语文专家，作家，语文老师，以及老一辈的读书人，都是知者，自己不知，可以问他们，有所知而不敢自信，也可以同他们谈谈，求得印证。自然，无论内求诸己还是外求诸人，评价都可能不妥，甚至把鱼目看成珍珠；但这也无大碍，因为自己的眼光可以在大致不错中逐渐滋长，小的坎坷是不会阻碍前进的。这样看、问、读结合，起初是摸索，渐渐就会由此及彼，豁然开朗。

选读物，能够分辨好坏之后，还有确定类别的问题，就是要读或多读哪类作品，少读甚至不读哪类作品。这当然是就初学说；如果学已有成，甚至如许多大家，笔下已经有自己的风格，那就可以出淤泥而不染，读什么也无妨害。初学就不行，读什么就会无意中模仿什么，如果所读不高明，其结果就不能取法乎上；又，作品种类繁多，有的容易移用于作文，如散文，有的不容易移用于作文，如新诗，选择读物不当就会事倍功半。选定的原则，如果是学生，当然要先读语文课本上的作品以及规定的课外读物。这不够，或者已不在校，为学作文而想多读，选读物的时候要考虑以下一些情况。

（1）文体要是常用的，或说容易移用于作文的。举例说，广义的散文（包括以记事为主和以说理为主的）比诗歌、小说好。诗歌的语言有自己的特点，比如有时可以故意晦涩，两句之间常常断而不贯，这如果学了来，对作文就弊多利少。小说对话多，描写多，有些年轻人读小说多而读其他文体少，作文拿起笔就想描画人物、景色，至于记眼前琐事、说理，即使很浅易的也不知如何下笔，这就是未得其助而反受其扰。我的经验，在这方面，有时候也难免要捏捏头皮。比如读鲁迅作品，不少年轻人会感到，小说比杂文有趣味，容易读，可是就学习作文说，我还是劝你把更多的力量用在杂文方面。

（2）多读本国作品好；读翻译作品，最好选文字格调接近汉语的。理由很简单，我们作文，语句要是中国味，不是外国味。

（3）不要只图好玩、省力。这方面，我想举个极端的例。大家都知道，有不少青少年，还有些中年人，热心读书，甚至在车上也手不释卷，而看的却总是小人书。看小人书当然不是坏事，不过，如果你看的总是这类读物而不及其他，想作文有进益就很难，因为小人书的文字是解说图画，断断续续，而看的人又常常是一目十行，略会其意而等于没有读。想学作文就不得不舍易就难，下苦功，多念些讲道理的作品。这类作品，初学会感到难读，没兴趣，但它可以使读者增长知识，锻炼思路，学习说理手法，这正是好的作文时时要用到的。还有，常读这类作品，有所得，会产生更深厚的兴趣，这是学而有成的最有力的保证。

（4）刚才说到讲道理作品的难读，这里还要泛泛说说"难"。选定读物，有时候宜于故意找一两种超过自己能力的，用陶渊明"不求甚解"的办法读。记得小时候看《聊斋志异》，许多词句搞不清楚，总的情节却又像是知其大略，就这样，过些时候再看，疑问就少多了。这是不求甚解的提高，情况是，难几次，难的会化为易，易的自然就更易了。有不少青年人不了解这种道理，比如也相信鲁迅作品很好，应该努力学习，可是不敢读杂文，说是不懂。这种避难就易的态度是错的，应该反过来，因为难，偏偏要读。敢碰难，使难化为易，学业（包括作文）才能够大幅度提高。

（5）要灵活处理杂与专的问题。所谓杂是内容、表达、作家都要求多方面，这样交错着读，可以兼收并蓄。但杂之中也容许专，比如读某一家的某类作品，感到所得多，兴趣浓，就可以多读一些。

（6）水平低、表达方面毛病很多的作品可以读吗？我的意见，初学最好不读，因为可能把瓦砾看成美玉，或至少是无意中受感染。如果学已有成，或者有明眼人（如语文老师）在旁指点，能够认识其缺点，当作反面教员、覆车之鉴，目的在于免疫，看看也有好处。

以上是谈类别问题。还有范围问题，就是读多少合适。这要在"原则"与"实际"间求协调。原则上说，多读比少读好，因为所读越多，融会贯通越容易，越高超。如宋朝王荆公和苏东坡，是连佛书、道书也很熟悉的。现代人自然还可以超过他们，因为他们不会外文。这是说，如果有条件，无妨古今中外。如果真能古今中外，博览之后能吸收，笔下就有可能融合荀子和亚里士多德而出现谨严，融合孟子和西塞罗而出现畅达，是之谓左右逢源。但这是原则，可能；实际上，有此机缘和时间的人究竟是

少数。折中而可行的办法是尽自己的力之所及，能兼读古今就不要限定今
而不古，能兼读中外就不要袒中而排外。总之，就是在情况允许之下坚持
原则，能读十种决不停止于九种。

最后，还要知道选读物的门路，以便扩大选择面。这主要是目录学的
常识，附近图书馆或文化馆的情况，书刊出版情况等。这用不着多大力量，
常留心就可以了。

一一　怎样读

　　这是上一节的续篇，谈两方面的问题：一方面是语句的条理、气韵等的吸收、储藏；另一方面是时间、读物等的安排。

　　先说前一方面。前面谈过学习语言的情况，学是学表达习惯，方法是熟。那是只就学"会"说的，如果还想学"好"，熟就还有质和量两方面的要求。记得前些年听一个中年妇女说："看《红楼梦》，欣赏凤姐的口才，总觉得自己不会说话，干巴巴的，总是那几个词，那几个调调，死气沉沉。"这话或者有些谦逊意味，但道理总是对的；从正面说，是想说得好，就必须在确切、简练的基础之上灵活多变，生动流利。这从哪里来呢？语言不容许生造——就算是可以创新吧，也总是吸收、融会前人的表达方法，运用自己的灵机，"稍微"灵活一下。总之，办法只能是"多"

47

（量）吸收"好"（质）的表达方法，融会而储存之（熟），等待时机一来，让它自己跳出来应用。这吸收，可以来自听，但主要是来自读。

读，为的是吸收。吸收包括内容和表达两方面，这里着重谈表达方面。读要讲方法，方法对，吸收得快，所得坚实明晰；方法不对，吸收得慢甚至不能吸收，即使小有所得也模模糊糊。所谓方法不对，是指那种浮光掠影或浅尝的"看"书方法。这又有两种情况。一种是一目十行至少是一目两行的阅读办法。有不少人，看小人书，看小说，目的是玩赏故事，而且急于想知道结局，这就不能不一扫而过。这样看，故事的情节像是大致清楚了，可是记叙故事的文字，用什么样的词语，语句怎样连贯，有什么妙笔值得欣赏，等等，却视而不见，轻轻放过。另一种，可以举有些学生的应付语文课为例，学过一课，会说大意，会讲难词，会答习题，估计再上课能答问，期考能答考卷，于是放下，永不再问。这样学，也是不管表达习惯的底里，自然也就谈不到吸收和融会了。

所谓表达习惯的底里，深一些探索，应该说包括两种情况：一是思路内部的自然联系，二是语言内部的自然联系。遇一事物，或想一事物，此事物的关系事物，以及它的轻重、是非、利害，乃至自己应取的态度，等等，都出现在思路中。先想到什么，后想到什么，如何过渡，自然可以灵活变化，但百变不离其宗，比如由柳树可以想到杨花，想到堤岸，甚至想到灞桥送别，等等，却不会想到信纸、图钉等。思路中的由此及彼，可小异而有大同，是思路内部的自然联系。语言内部也一样，也有大同小异的自然联系，比如常情之下，"因为"之后接"所以"，"虽然"之后接"但是"，正说之后接反说，总说之后接分说，设问之后接答话，夸张之后接补说，等等，也是万变不离其宗。这种思路和语言的内部联系虽然近于"熟套"，却有它的大道理和大作用。所谓大道理，是合乎思想和语言的本然条理；所谓大作用，是顺着这个路子想，顺着这个习惯表达，读者会感到清晰自然，点头称善。反之，你偏偏离开这个路子想，离开这个习惯表达，读者一定会感到离奇古怪，莫明其妙。因此，学作文就不能不用大力量求熟悉这个熟套。怎么熟？主要是用正确的方法读。

　　所谓正确的方法，由要求方面说是了解文字意义之外，还要把文字所含的思路条理和语言条理印入脑中，成为熟套的一部分。想做到这样，就必须全神贯注地，或说一面吟诵一面体会地，由慢而渐渐快地读若干遍，直到熟了，能尝到其韵味为止。一面吟诵一面体会是旧时代读书人练基本功的方法。据说清朝桐城派大师姚鼐读韩愈《送董邵南序》第一句"燕赵古称多感慨悲歌之士"，要中间换气才能成声，可见在体会格调的顿挫上是如何认真。鲁迅《朝花夕拾》写三味书屋老先生读"铁如意，指挥倜傥……"的情形更加形象，是："读到这里，他总是微笑起来，而且将头仰起，摇着，向后面拗过去，拗过去。"这种表现，鲁迅称之为"读书入神"，状貌也许近于可笑，但那种认真体会其韵味的态度总是好的。我们现在读的虽然主要是白话，入神读的办法却仍然值得借鉴。做法是这样：以中学时代学习《从百草园到三味书屋》为例，讲过之后，意思完全明白了，不可放下不管，要读。起初要读慢些，出声不出声均可，但要字字咬清楚，随着词语意义的需要，有疾有徐，有高有低，口中成声，心中体会思路和语言的条理，尤其是前后的衔接。这样读两三遍，熟些了，放下。过几天，再这样读两三遍，随着体会的渐变为容易，速度可以稍快。过几天，再……直到纯熟，上句没读完，下句像是冲口而出为止。像是冲口而出，这是语言的熟套已经印入脑中，到自己拿笔自然就不会不知如何表达了。

　　以上的读法是"精读"，当然只有读上好的，练基本功才这样，不能篇篇如此。有些读物宜于泛览。精读与泛览的关系，留到下节再说，这里专说精读的要求。就我所知，现在不少人是看而不读。看，浮光掠影，甚至语句怎样联系都毫无所感，自然不能学到前人的熟套。心中没有熟套，及至有文要作，自然会感到思路不清，辞不达意。学作文，必须先学会精读。这也许不是省事的办法，但它绝不是既无味又无效的办法，只要按部就班，持之以恒，渐渐就会兴趣增长，积累增厚，总有一天（多则三年五年），会获得水到渠成之乐。

下面说怎样读的另一方面，时间、读物等怎样安排。先说时间的安排，原则是分比合好，多比少好。仍以读《从百草园到三味书屋》为例，比如读熟要六七遍，集中一次读不如分作三四次读。同理，比如一周计划用七个小时读书，最好是一天一个小时，不要集中到星期日一天。多比少好的理由用不着说，时间多，所读多，收获就会比较大；当然，要在条件许可之下，不可只顾甲而荒废了乙丙丁。

读物的安排牵涉到许多方面，总的原则是先易后难，先少后多，先主干后分支。学数学，要从一加一开始，理由任何人都知道。学语文也一样，鲁迅杂文虽然好，却不当勉强小学学生读。但有两点要注意：（1）语文的难易不是绝对的。有时候，两篇相类的作品，甲以为这篇较难，乙则以为那篇较难。（2）为了比较快地提高阅读能力，有时可以故意选一两种较难的读，理由前面已经说过，不再赘。

先少后多的道理更加明显。初学，内容和表达习惯都生疏，读不能快，量当然要少。及至底子厚了，举一隅而以三隅反，读的速度逐渐增加，量当然可以随之增多。

主干和分支的情况比较复杂，这里只能谈些主要的，算作举例。所谓主干，是就与作文的关系较密切说的，换句话说是要求学以致用。从这个角度考虑，（1）如果是上学时期，要先课内后课外。（2）要先散文（广义的，包括记事、说理等作品）后小说、诗歌。散文中有些说理较深的文字，读比较费力，像是远不如小说有趣味，但更要细心读，因为思路的条理多半由此中学来。（3）要先选本后专集，因为专集量大，还可能瑕瑜互见，不如读选本可以事半功倍。（4）要先名家后一般作家，这旧话谓之取精用宏。（5）要先今后古，因为作文一般是用现代语写。（6）要先中后外（这里指译文），这理由前面说过，是我们作文最好不是外国味。

　　以上所说都偏于原则。但原则容许例外，尤其是语文，常常可以灵活运用。学数学，不能先大代数后小代数，为什么？可以讲出道理来。语文，比如有人先读《尚书》，后读《孟子》，你说不成，问你为什么，你未必能讲出道理来，即使勉强讲出来，问的人也未必同意。传说有人问辜鸿铭为什么英文学得那么好，他说别人由 ABCD 学起，他是从念密尔敦学起。这话难免危言耸听，不过看昔人读书的经验，如一流大家顾炎武、王夫之等，都是启蒙就读"人之初，性本善"，"大学之道，在明明德"，这比"大狗叫，小狗跳"深多了，可是也竟学通了。这证明学语文虽然有路可循，却又是条条大路通北京。可行的办法是记着原则，考虑条件（个人的资质、兴趣、时间，找读物的难易等），试着前行，不可则改；唯一不可变通的是必须持之以恒，难而不退，如此而已。

一二 精与博

这一节谈谈精与博的关系以及应如何对待。过去说精与博，一般是指治学。治学的目的是成家，虽然《汉书·艺文志》收"杂家者流"，可能因为不为大雅所重，或者"多方"更难，后来却很少成家的杂家。专家总是精一门或两三门，深入周遍，写成藏之名山的著作，超过前人，如段玉裁《说文解字注》、马端临《文献通考》之类。一生以《说文》为主是精；但为《说文》作注，只念《说文》，即使熟到能背诵还是不成。为了精，反而不能不读别的书。书很多，有些与《说文》关系近，如《广雅》《玉篇》之类，也要精。有些书与《说文》像是关系不大，如李后主词、《三国演义》之类，推想段玉裁也一定读过。也读，主要原因不是唯恐注《说文》有时会用到，而是作为成家的学者，不能不具备深厚的学术根柢，这根柢只能由博来。昔人治学，都是以精为本（典籍也有本末，如经书和秦汉子史等是本，也要精），并以本为据点向外延伸，最终的目标是无书不读。我们这里是谈作文，为取得作文的本领而读书，其中也有精与博的关系问题。这与治学的情况不尽同，却有相通之处。

相通，是也要以什么什么为本，精读，并以本为据点（或说武器，即见文深知其意的本领）向外延伸，博览。以什么什么为本，或说应该精读什么，前面已经谈过，这里再总说一下，是读好的，可资取法的。读的方法，上一节也已经谈过，这里再补充一点意思，是精的两种更有效的过程。一是由喜爱而重复、由重复而纯熟的过程。举我自己的感受为例，当年第一次读《史记·项羽本纪》，记事完结，来了"太史公曰"。可能有的读者还没读过，或者读过而印象已经模糊，所幸文字不多，这里抄一遍：

> 吾闻之周生曰，舜目盖重瞳子，又闻项羽亦重瞳子，羽岂其苗裔邪？何兴之暴也！夫秦失其政，陈涉首难，豪杰蜂起，相与并争，不可胜数。然羽非有尺寸，乘势起陇亩之中，三年遂将五诸侯，灭秦，分裂天下而封王侯，政由羽出，号为霸王，位虽不终，近古以来未尝有也。及羽背关怀楚，放逐义帝而自立，怨王侯叛己，难矣。自矜功伐，奋其私智而不师古，谓霸王之业，欲以力征经营天下，五年卒亡其国，身死东城，尚不觉寤，而不自责，过矣。乃引"天亡我，非用兵之罪也"，岂不谬哉！

读过之后，虽然讲不清是什么原因，总觉得文章气味高妙，还想念。念了几遍，稍微能体会文章的妙处，是气势雄伟，如黄河奔泻，自天而下；变化多，任意回转，神出鬼没；感情充沛，语尽而意有余；有见识，评论一针见

53

血。就这样，又拿出来念几遍，没有硬记就背过，再想吟诵也不必翻书了。还有一种精的过程是由理解而感情渗入。也举我自己的感受为例，那还是《呐喊》刚出版之后，买来，先读《自序》，看到下面这样的话：

> 我在年青时候也曾经做过许多梦，后来大半忘却了，但自己也并不以为可惜。……有谁从小康人家而坠入困顿的么，我以为在这途路中，大概可以看见世人的真面目；……独有叫喊于生人中，而生人并无反应，既非赞同，也无反对，如置身毫无边际的荒原，无可措手的了，这是怎样的悲哀呵，我于是以我所感到者为寂寞。

觉得意深刻而语沉重，也是爱不忍释，于是反复念了几遍。以后，偶尔也有寂寞甚至幻灭的悲伤，就找出这篇文章，一面沉思一面吟咏地念一两遍，这时候，心情完全渗入文字的意境中，觉得理解和收获比初读的时候多多了。当然，值得精读的作品不能篇篇要求像以上两种情况那样，处处要求像以上两种情况那样；但这种深入的意境总是值得企求的，因为读而能深入吟味，以至于爱好，熟悉，使身外之文变为身内之物，并积少成多，这就成为写作技能的资本，到自己有思想感情想表达的时候，自然就不会感到如何困难了。

以上是说精。还要博，就是不要求纯熟的泛览。还是就学习作文说，需要博的理由有下面几种。（1）作文，不只要能写，还要有所写，也就是要有内容。内容是思想、知识之类，这可以由自己的感知来，但主要是由接受前人的研究成果来。比如发表议论，经常要用到逻辑规律和逻辑术语，这些，可以说都是由读书而来，不是由张目看外界、闭目审内心而来。所写要包括多种内容，所以读书不能不博览。（2）专就表达方式和表达技巧

54

说，也要靠博览吸收大量的营养。这牵涉的面太广，难得细说，只举一例：只有多读六朝的骈体文，才知道说话作文，原来在语句的平仄方面还可以用些功夫，求声音美妙。（3）精读，有所得，这所得，有一部分可以称之为笔法。种种笔法，博览时也会遇到，这就对精读起了巩固作用。（4）博览，所知渐多，还会使精读的理解更明晰，体会更深入。

博览，触及古今中外，有如何选定、如何安排的问题。适应自己的条件（理解能力、时间等）是个原则，理由用不着说。其次，以兴趣为引线也无不可，反正开卷有益，兴趣常常由此及彼，接触面会越来越广泛。但要注意，兴趣最好与计划携手并行，因为许多知识，如哲学、逻辑、语法、修辞之类，很必要，却未必能引起兴趣，所以应该列入博览计划，即使捏着头皮，还是要读。

博览的范围问题比较容易解决，总的原则是大比小好，只要力所能及，无妨贪得无厌。但也不要轻视另一个原则，是必须有利无害。所谓有害，情况也要分析。有些作品内容不健康，比如用旧话说是海淫海盗，就不宜于读。有的作品价值不高甚至毫无价值，却不属于败坏心术一类，如思想不清或语言拙劣，如果自己已经学有根柢，不至于随波逐流，我的意见，还是以看看为好，因为以之为反面教员，引为鉴戒，对作文的进益也许有不小的好处。

关于读法，博览自然与精读不同，但也要有等级之分。有些作品，内容很重要或有相当的价值，虽然读一遍可以放过，读的时候却也要字字咬准，确切体会其意义。次一等的无妨看快些。很差的，还可以大致翻翻，或者选看一部分就扔开。

最后还要知道，精与博不是可以截然分开的，遇到生疏作品，常常要凭自己的经验和眼光灵活对待。有种种情况，这里谈一些显著的，作为举例。（1）有不少作品，这样看应该精读，那样看似乎入博览也未尝不可，这就可以取决于自己的兴之所至。（2）有些作品，总体看是好的，可资取法的，但是就内容的性质说或就表达的技巧说，却并不处处宜于精读，那就可以分而治之。（3）有些作品，原来列入精读或博览范围之内，及至读一些，才觉得原来的看法并不对，那就可以改弦更张。（4）同样列入博览范围的相类作品，地位也会有高下的不同，地位高的，读时要多用心思，那就近于精读了。（5）有时候，宜于博览的，因为一时兴致不同，精读了，或相反，宜于精读的博览了，这也关系不大，只要能多读，失之东隅可以收之桑榆。

总之，最重要的还是勤，养成读书的习惯，提高读书的兴趣，然后用逐渐老练的目光，以精为本，由慢而快地向外延伸。这结果就是精与博的融合，许多人的经验，文思的泉源主要是由此中来。

一三 读与思

《论语·为政》篇有这样的话："学而不思则罔，思而不学则殆。"这用现在的话意译是：只学不思就会黑白不分，莫衷一是；只思不学就会胡思乱想，错漏百出。这个学习经验大有参考价值，我们这里虽然是谈作文，却无妨借用；不过范围要缩小，就是"学"要变为"读"。古人所谓学不只包括读文献，还包括"行事"，如礼、乐、射、御、书、数中的大部分都在内。学范围大，思是思所学，范围自然也要随着扩大。我们这里变学为读，思也要缩小为融会读文章之所得，并运用于作文。关于读，前面已经谈了不少，其为重要，这里参照《论语》的意思，可以这样说：思而不读，即使能够思出一些招数来，这招数也未必有价值，尤其不能顺理成章地化入作文；何况这面壁的思又很难生产出清新高妙的文理来。自然，丝毫不读而面壁

57

凝思的情况是没有的，那我们无妨退一步说：懒于读而想多靠思以求学会作文，结果必是所见者少，不能取法乎上，勉强成篇，求内容表达都有可取总是很难的。思而不读的另一端是读而不思，也是没有的，那就退一步说：多读而少思，这就学作文说也不妥当，除了黑白不分、莫衷一是以外，还要加上茫无头绪、难于运用。以下谈谈这方面的情况。

前面已经说过，就学作文说，读的目的是吸收思想内容，学习表达方法。所读非一人所写，人心之不同，各如其面，即使为一人所写，也会顾此失彼，甚至出尔反尔，因而无论就思想内容说还是就表达方法说，都会南辕北辙，瑕瑜互见。这里面有是非，有好坏，如果一古脑儿吞下去，并转而表现于自己的笔下，那就会杂乱无章，闹笑话。常听人说，读书可以明理。其实这句话并不完全对，因为例外并不少。例如唐朝有个房琯，与大诗人李白、杜甫同时，官做得很大，书念得很多，可是食古不化，竟用古车战法打仗，结果大败，这就是读书并没有明理。还可以举一个我亲身经历的例，一个严肃认真的人，职业是教师，不知道念了什么书，竟成为五行定命的信徒，一次正颜厉色地告诫我，遇见金命的人一定要加小心，因为我是木命，这也是读书并没有明理。可见要明理，只靠读还不成，还要能够分辨是非和好坏。这分辨的能力是由思来。

思是心理活动，以什么为材料，怎样安排、辨别，以什么为标准判断是非、决定取舍，内容很复杂，不能也不必详说。这里还是就学作文说，读得渐多，吸收不少，要怎样用思来整理呢？思是动的，既连又转，内容千变万化，照猫画虎自然有困难，以下只能略举一些要点。

（一）聚集和安排。不同的作者写的不同的书或篇章，主张不尽同，甚至有大差异，表现手法也各有特点，我们读了，都吸收到记忆里，这是聚集。聚集的大量事物，可以归类：有些性质相同，有些性质相近，有些性质相远，有些性质相反，相同、相近之中，还可以分大小、深浅、高低，等等，这是安排。读有所得，头绪纷繁，这是以思为主力的初步整理。

（二）比较和分辨。主张不同，表现手法不同，会有是非至少是价值的差异。道理有是非，价值有高下，要辨明，就必须靠思。定是非、高下的思不能任意，这就要有关于判定是非、高下的原则的知识，这知识自然也要由多读之后经过思的整理和融会来。总之，不经过自己的深思就不能辨明不同主张和表现手法的是非、高下；辨且不能，取其是和高、舍其非和下自然就更做不到了。

（三）验证。比较、分辨之后，心中有所知，有所信，可以通过"用"来验证。所谓用是：（1）读新的作品时，以所知、所信为尺度，看看能协调不能协调。能协调，则所知、所信可以更加巩固；不能协调，可以修补，使所知、所信更加完善。用的另一条路，（2）是写，就是把所知、所信用于自己的作文中，看看有没有起充实、提高的作用。有，可以顺路往前走；没有，可以证明所知、所信还不完善，需要修补。

（四）推衍。所知、所信逐渐深厚，逐渐完善，甚至成为体系，就可以向四外推衍，通过以此证彼、以彼证此，以求所知、所信的体系更广博，更完整。举例说，就表现手法说，清淡是一种高的境界，这种评价的原则似也可运用于其他艺术形式，如绘画、戏剧、音乐等。如果真是这样，则所知、所信的可信程度就更高一筹了。

（五）融会贯通。读多了，对于各家各派有深入的认识，既知其所长，又知其所短，到自己执笔的时候，能够漫不经意地选用某家之长或兼用数家之长，是思的最高成就，融会贯通。这种境界有难的一面，因为多读之后，不只要熟，而且要深入体会其短长、甘苦。但也有易的一面，是熟而能深入体会其韵味，到自己作文的时候，这韵味就会自动跑到笔下。昔日古文大家如韩愈、苏轼、归有光等，本领都是这样来的。这本领也是来自读之后的思。

以上是说思的作用的一些主要表现。还有比这些表现更重要的是锻炼"思路"。所谓思路，是对于某一事物或某一问题的有条理、具首尾、内容充实、合情合理的想法。我们常说，作文，对于某一个题目，你怎样想就怎样写，这想不是胡思乱想，是指思路。这样说，文章不过是自己思路的写照，因而想文章写得好，就必须有个好思路。思路，人人有，常见的是断断续续，不成系统，甚至缺头少尾，毫无条理。思路有条理，一方面是由读来。比如一篇理论性的文章，先提出论点，然后举出种种理由来论证，我们读它，等于心的活动随着作者的思路由此及彼地走了一过；另一篇先举出种种事例，最后提出论点，我们读它，也等于心的活动随着作者的思路由此及彼地走了一过。随着走一过是锻炼，但这类由读而来的锻炼是零散的。想集中，融会为自己的本领，还要靠自己常常练习，针对某一问题或某一题目，试着建立为自己的成系统、合情理的思路。这种锻炼思路的过程，常常就是写作（包括下笔前的写提纲）的过程，这到以后谈写的时候再说。这里需要注意的只是，为了学作文，多读之后还要用思来消化，使外来之物变为自己的。

一四　眼力的培养

　　我们常常听见这样的话："眼高手低。"这有时候是说自己，多半表示谦虚；有时候是评论别人，意思是道理讲得高超微妙，到自己动手，无论是写作还是书画，却并不像讲的那样高明。这里且不管是谦虚还是评论，就作文说，这句话含意的两点很值得深思。这两点是：(1)手力常常跟不上眼力，我们常说的"取法乎上，仅得乎中"就是这种情况。为什么？原因难免因人而异，概括说不过是天资或学力不够，或者天资和学力都不够；此外自然还有己身之外的原因，如时代不同，经历不同。天资，如果有，自然非自己所能为力；学力，应该用锲而不舍来补救；至于时代和经历，那就更没有办法，唐宋以来古文家学《史记》，望尘莫及的重要原因之一是没有生在汉武帝时代，又没有太史公那样的经历。手力跟不上眼力，外因多，唯一的补救办法是努力。这没有什么好谈，所以更值得深思的是含意的另一种，（2）眼力不高，手力必致更差。这从正面说就是，想作文好，必须先有辨认文章高下的眼力。

前面谈读什么的时候已经说过，读要读好的，因为取法乎上，仅得乎中。从读的方面说，分辨好坏的眼力很重要，因为读好的，才能吸收好的内容，学习好的表达方法。以表达方法为例，学语言的情况是大家都知道的。女儿说话像妈妈，因为听什么就学会说什么。有的人说话离不开"他妈的"，是因为他那交往的小圈子里，不少人表激情壮意，总是使用"他妈的"。同理，鲁迅先生用现代语写作，可是行文中常常出现文言成分（词汇和格调），是因为读的文言太多了。俗话说，千古文章一大抄，这虽然未免夸大，却也有些道理，因为事实是，所读很自然会流到自己的笔下；如果读的，比喻说，是些污水，流到笔下，自然不会变成清泉，岂不糟糕。

分辨高下，选择好的来读，省力的办法是借用别人的眼力。这由近及远说，路径有种种。上学时期，读语文教材，无论文言或白话，都是经过选拔的，纵使未必百分之百可靠，总是大致不差。课外，想多读一些，茫无所知或者难定取舍，可以问教师。比教师远一些的，还有报刊上的书籍评介，也可以参考利用。再扩大一些，可以请教文学史、文学评论之类的书，历史是筛子，经过各时代的摇动，许多细碎的已经漏下去，剩下的都是比较大的。以古典的为例，这又可以分为两类：（1）以史或论为主，这主要是文学史和文学评论（包括《文心雕龙》之类和许多诗话、词话）；（2）以选文为主，以解说为附，这是文章选本。无论读哪一种，它都能告诉你，哪些作品是好的。

借用别人的眼力，读，日久天长，可以积累一些评论文章高下的知识。这类知识可能是零碎的，甚至不协调的，因而就还不能算自己的眼力，价值也远不如自己的眼力。别人的眼力有如拐杖，不管怎样坚牢、顺手，总不如能够扔开它，自己走；何况它又未必永远坚牢、处处顺手。这有种种情况：（1）别人的眼力，甲和乙常常不同，甚至打架，信哪一种，总要自己拿主意。（2）别人的眼力，甚至流行的传统的看法，也未必没有问题。举例说，宋朝吕祖谦写了一部《东莱先生左氏博议》，通称《东莱博议》，名气不小，后来直至明清，不少文人写议论文也是这个调调，足见评价之不低，可是现在看来却疵病很多，强词夺理，装腔弄势，尤其见识很庸俗，实在难以服人。（3）可能遇见的读物无限之多，其中绝大多数没有人评论过，或虽有评论而自己不知道，怎么办？自然只能靠自己。（4）只有自己有眼力，辨高下，分好坏，言之成理，才能够认之最清，信之最笃；人云亦云，浮光掠影，有时反复思索，难免半信半疑，则评定的力量就微乎其微了。

眼力的培养很重要，却不是容易的事。这大致可以分为三个阶段。第一个阶段是"能感"，比喻说是能用鼻孔嗅出香臭。历程是由读作家的成篇文章起，读少数，有模糊的感受；读多了，包括不同作家、不同题材、不同写法的许多文章，经过比较，有逐渐清晰的感受，如喜欢、不喜欢、稍有印象、深受感动等。感受可以变，比如初读，觉得某某篇很好，读多了，经过比较，印象变了，觉得并不很好，甚至很不好。这样长时期历练，嗅觉像是逐渐灵敏，逐渐稳定，只要读的是同性质的作品，感受总是大致相仿。

第二个阶段是"能认"，比喻说是能用眼睛看出美丑。这是第一个阶段"能感"的综合和提高。能感是收，读某篇感受如此，读某篇感受如彼。把所感收集在一起，条理化，系统化，遇到没读过的文章，能够鉴往知来，评定高下，是发。这能认的眼力的更高的表现是熟悉各种流派和各种风格，比如二十年代及其前后，鲁迅先生发表文章常常用新笔名，可是有些人一读就知道这是鲁迅先生所作，这就是有能认的眼力。有这种眼力，能够分辨作品的好坏，选择读物的问题自然可以迎刃而解。

第三个阶段是"能思"，就是能够了解或说明好坏的所以然。严格说，到了能认的程度，头脑里应该有个所以如此认定的"理"，或说理论系统；可是常常不明显，或者因为不成体系而本人并不觉得。这理论系统是文学批评的理论根据，其基础是美学或人生哲学，或者美学加人生哲学。这说得似乎太玄妙了，其实并不然，举例说，某甲孤僻，不关心别人，乙劝他，说应该如何如何，不应该如何如何，最后说："最有意义的生活不是独善其身，是对社会有贡献。"这最后一句话就是理论根据，来自人生哲学。判定文章好坏，追根问柢会碰到理论根据，这可以举王国维《人间词话》为例。王氏论词，推五代、北宋而抑南宋吴文英之流，这是"认"，认的背后有"思"，即理论根据，用他自己的话说是："一切文学余爱以血书者。""梅溪、梦窗诸家写景之病，皆在一隔字。""……然无视为淫词鄙词者，以其真也。""词以境界为最上。"分辨文章好坏，要求凡有所感，有所评，都要能言之成理，这似乎未免太高，但这种趋向总是难于避免的。我的意见，即使一时难于做到，心里知道有这么回事，在读的过程中常常心向往之也好。

以上是就读说，自己有眼力可以取法乎上。就写说，分辨好坏的眼力同样重要，甚至更加重要，因为读是吸收，写是表现。吸收，头脑受影响还可以隐而不显；表现，文笔受到坏的影响就必致家丑外扬。文笔受影响，常常是无意的，这像小孩子学话，学什么说什么；但也不少是有意的，视下为上，视丑为美，难免尽力模仿，这就会更坏，因为必是变本加厉。记得不久之前，一个高中程度的女青年写一篇记登什么山的文章，拿来给我看，意思是请我提点修改意见，以便百尺竿头，更进一步。文章相当长，思想感情虽然也有一些，却被大量的形容词语和曲折说法遮掩得很难看到。可以推想，她是认为，必须百般描画，写得不像说话才是优美，才可以称为文章。她没有想到，给人的感觉却是扭捏造作、冗赘晦涩，通篇粉饰而像是没有真情实感。我同情她如此努力，却可惜她走了弯路，于是告诉她，这样努力求好是好的，可惜走了差路，并给她讲了朴实、清淡、流利的可贵。她听了像是很惊讶，也许不以为然吧，以后就不再来。这也难怪，涂脂抹粉的美是容易看到的，本色的美则难于体会。一切艺术品的评价似乎都有这种情况，初学喜爱推重的常常是些格不高的作品，原因就是还不具备分辨高下的眼力。没有分辨高下的眼力，甚至误下为上，并努力模仿，就学作文说是走上岔路；走岔了，走远了，改会比从头学更难。因此，学作文必须记住，读，写，都重要，但同样重要的是能够分辨高下，趋高而避下。

培养眼力，既要在读之中，又要在写之中。对读的所得而言，写是利用，是巩固，是验证。读什么，觉得好，自己也这样写，是利用。写，有所得，认识更清楚，是巩固。验证比较难说。这可以分正反两个方面：正的，举例说，读什么，觉得某种风格好，于是也这样写，几经试验，果然好，自然增加了信心；反之，可以推断原来的想法有问题，要变。信，顺路发展；不信，改变方向：在这样的过程中，眼力的培养会加速，会更加可靠。

最后谈一个问题，眼力，自己的是主观的，会不会错？这很难说，甚至不能说，因为说对错，是先假定有个对错的标准，而在有关作文的读写问题上，对错的严格标准是没有的。但这也无妨，因为相对的标准总是有的。这至少表现在两个方面：（1）前面说的好文章的概括条件，是大家都会同意的；（2）有些作品，远者如《史记》，近者如鲁迅先生著作，几乎是公认为好的。我们所谓自己的眼力，是在逐渐体会、对照这样的标准的过程中培养起来的，它可能杂有这样那样的偏见，但大体上应该是可信的，能够充当学好作文的重要动力的。

一五 文言问题

　　语文课有一部分文言教材。学点文言,除了批判地继承文化遗产以外,是不是还想从中吸取一些作文的营养? 这虽然没有明说,想来应该是这样。但这就引来文言与作文的关系问题。很奇怪,对于这个问题,听到的常常是两极端的意见:一端是,文言对于写现代文大有助益,甚至说,想文章写得好,非学会文言不可;另一端是,文言对于写现代文非徒无益,反而有害。究竟是有益呢还是有害呢? 这就使我们碰到文言问题。

　　这是个非常复杂的问题,由大到小或由总到分可以排成一大串。总的是文言要不要学。这个问题太大,年来颇有争论,这里难于多说。但有几点似乎是不成问题的:(1) 求全国人都学会文言,一定做不到。(2)都不学,若干年以后,不要说会,甚至连《左》《国》

《史》《汉》也不再有人知道，一定是大失策。自然，继承文化遗产可以利用翻译和介绍，但专靠这类办法就不成，因为 a. 翻译、介绍，先要有人学会文言；b. 翻译可能出错，介绍难得全面；c. 翻译、介绍最多只能达意，不能传神。举例说，俗的如"夥颐！涉之为王沈沈（tán tán）者"（《史记·陈涉世家》），"臣期期不奉诏"（《史记·张丞相列传》），雅的如"落霞与孤鹜齐飞，秋水共长天一色"（王勃《滕王阁序》），"感时花溅泪，恨别鸟惊心"（杜甫《春望》），不管译得如何忠实，总不如读原文。（3）因而必须在都学、都不学之间设计个折中的办法，使愿意学和需要学（比如研究本国史、中医等）的人都有机会学会，不愿意学和不需要学的人不在这方面多耗费时间。（4）多学会一种语言（严格说，文言不能算另一种语言）总是好的，何况是本国语的文言，因为两三千年以来，我国的文化宝藏几乎都是用文言写的。

绝大多数人反对学文言，是因为学通不容易，不通无用，不如把宝贵的时间用在其他地方。这种看法有道理，并有大量的事实作依据。问题在于学会文言是不是真如行蜀道之难。我的看法，主要症结恐怕是学习方法不妥当，而不是学习对象太难对付。近年来学习外语的人不少，少则两三年，多则三五年，也就学会了，可见学一种新语言并不太难，这经验值得深思。有人说，学文言比学外国语难，这是危言耸听，事实并不是这样。因为文言不是另一种语言，它同现代语有千丝万缕的联系。比如说，（1）文字都是用汉字，只是文言中生僻字多一些。（2）语音也是承袭多于变化，因而我们还能以普通话的语音读并欣赏骈文和诗词曲。（3）词汇变化比较大，可是像牛、马、山、水等许多词，我们仍在原封不动地沿用，像黾额、凝眸、致知、格物等许多词，现代语虽然不用了，却不难望文生义。（4）现代语，尤其成语，其中有大量的文言成分。（5）句子结构方面，古今差别很少，如《孟子》第一句"孟子见梁惠王"，现在不是还得这样说吗？因为是这样，所以旧时代有些人学文言（那时候都是学文言），可以主要靠自修，碰到什么念什么，不懂或不完全懂，不管，只是念，日久天长也就懂了。学语言没有什么秘诀，"熟"就能学会，不熟就不能学会。熟由"多"次重复来，不"勤"就不能多。好的学习方法是要保证勤，譬如说，每天能用个把钟头，或者只是二三十分钟，读，养成习惯，成为兴趣，连续几年，学会文言是不会有困难的。

我这样说，并不因为我是非学不可派。在这类问题上，我同意墨子的处理原则：利取其大，害取其小。这说起来有种种情况。有些人，由于兴趣甚至由于性格，喜欢方程式远远超过喜欢文学作品，看见文言著作就头痛，那就最好不学，以便把力量用在刀刃上。又有些人，因为忙于某种非文学的学、某种非文学的业，估计没有条件学会文言，也可以不学；不学，我相信，对学和业不会有什么明显的影响。还有些人，像上面说的，学和业是本国史、中医之类，或只是搞文学（包括研究和写作），不学会文言就不好，至少是很不方便。此外，有大量的人，不属于以上三类，有条件学，但又可学可不学，怎样对待文言才好呢？不只一次，有人拿这个问题来问我，我总是用像是模棱两可的话来答复，说：生为现代人，用现代语，不会文言没什么了不得，处理日常生活，甚至在某方面有成就（包括写作），都不会有什么大妨害；不过生为中国人，有容易学会文言的条件而没有学，以致放过欣赏《诗经》《楚辞》《庄》《列》《史》《汉》以及诗、词、曲等等的机会，也实在可惜。我这像是模棱两可的意见其实有明确的一面，是尽力而为，不可则止。

尽力而为是求"通"。怎么样算通？我的意思是能读一般的文言作品，不是能够确切理解一切文言作品。这两种要求距离很远。严格说，能够确切理解一切文言作品的人也许一个也没有。古籍中有不少错简、误字且不说，只说文字不误的，汉、宋不少儒生毕生用力于训释，到清朝，还会出现《经义述闻》《古书疑义举例》之类的著作，可见确切理解是如何不容易。退一步看，只就断句说，"二十五史"和《资治通鉴》是近年来由名家多人斟酌的，可是标点还是间或有误。所以只要求"能读"，即基本了解，容许有少数词语拿不准。再一点是只限"一般文言"，就是把特别艰深的除外。艰深有种种情况：（1）甲骨文、金文、《尚书》《仪礼》之类，时代过早，词语、句法与后来的通行文言不同，难读，要除外。（2）有些作品是专业性质的，如《史记·天官书》、医学书《黄帝内经素问》之类，没有专业知识不能读，要除外。（3）此外，还有一些文言作品，时代未必早，如唐朝樊宗师、现代章太炎的有些文章，故意求艰涩，很难读，也要除外。这样，我们无妨举个正面的例，算个标准，比如你到图书馆或书店，遇见《阅微草堂笔记》和《聊斋志异》，借回来或买回来，读，恰好有个儿童在旁边，问你里边讲的是什么。你用现代语给他介绍内容，说得明明白白，你就算"通"了。

　　这个通的标准不算高，自然，就积土成山的历程说也不能算低。就以这种程度而论，对写现代语有没有好处呢？很难说。概括地说，应该有些好处，因为就表达方法说，文言词语丰富，行文简练、多变化，这正是现代语需要吸收的。吸收，有时候是无意的，正如学现代语，某种说法熟了，会无意中从口中笔下冒出来；也可以是有意的，举个最细小的例，因为通文言，你就避免用"涉及到""凯旋而归"之类，因为"及"就是"到"，"旋"就是"归"，用不着叠床架屋。至于具体说，有没有好处就不一定，因为所谓吸收，还要看怎样吸收。简单说，"化"入好，"搀"入就未必好。化入是不露痕迹，现代语的文章里有文言来客，看起来却像一家人。搀入不然，

是硬拉些文言词语，以求文绉绉（有些扭捏的写景文就是这样），结果像是
缨帽与高跟欢聚一堂，看起来很别扭。能化不能化，与对文章的看法有关，
这有如觉得细腰美，因而就不吃饭。但更主要的原因是语文程度的高低：
高就容易化，低就不容易化。通，能化，学文言对于写现代文有好处。如
果这种认识不错，本篇开头提到的两种意见之一的对错就容易判断，这意
见是，文言对于写现代文大有助益。判断是：必须学通了并善于利用才能
有助益。所谓善于利用是：（1）对于文言的优点确是有所知，有所得；（2）
能够有意或无意地化入现代文。

　　另一种意见，即文言对于写现代文非徒无益，反而有害，其对错还需
要分析。学通了，会有益，学而未通，无益，上面都已经谈过，不再赘。问
题在于未通是否有害。提及的害主要有两种。一是学文言占去学现代语的
时间，以致现代语学不好。这大概是就中学生说的，课文中有文言教材，
讲，读，都要占用时间，如果不学文言，学现代语的时间可以增多。这是事
实。问题在于现代语学不好，是不是因为学文言占去时间；如果把学文言
的时间加在学现代语的时间之内，现代语是不是一定能学好。如果我是语
文教师，减去文言之后，要求现代语必通，我不敢打保票，因为照现在文白
课文的比例，变文为白，学习的时间不过增加四分之一至多三分之一，只
是增加这一点点时间，就能变不通为通吗？我的看法，学生现代语学不好，
原因很多，比如读得太少、读法不恰当、写作的练习欠灵活等等，学文言即
使应占一项，恐怕不是主要的。另一种害是文言搅乱现代语，以致现代语
更难通顺。这大概是就作文中文白夹杂说的。文白夹杂，如果指的是上面
提到的有意求文绉绉，这是对文章好坏的看法问题，文言不能负责；并且，
凡是努力这样做的，差不多都是现代语已经通顺的人。另一种文白夹杂是
现代语不通顺，辨不清文白分界，于是随意抓些文言词语甚至句式塞入现

代语之中，以致现代语的文章更加不通顺。有没有这样的情况呢？我的看法是即使有，不会多，因为常见的情况是用现代语说不明白，而不是本来通顺的现代语，由于加上些文言成分而成为不通顺。事实是，即使文言会搅乱现代语，也总是因为现代语没有通才会有此现象，说学了文言而现代语不能通顺是本末倒置。再有，中学生都是会说现代语的，文白分界总不至于不清楚，文言越境来搅乱的可能是微乎其微的。

　　以上像是为文言说了不少好话，其实我的本意不过是：对于像学文言这样复杂的问题，我们还是应该多分析，不早下结论；在没有定论之前，容许不同的意见走不同的路，即使暂且算作试验也好。

一六 由记话起

以上几节着重谈"读"。以下转入着重谈"写"，即所谓作文的"作"。

先由一般人对作文的观感谈起。不只一次，有老年或半老年的家长问我，说他们的小什么其他功课还可以，只是作文不成，急需补救却不知道怎样学。所谓不成，我知道是指这种情况：看见题，不知道说些什么；心里即使想出一些不连贯的意思，却又说不明白；勉强写出来，意思，语言，对不对，好不好，都不知道；批改回来，总是分数很低。这急待补救的孩子，有的准备投考，所谓急来抱佛脚。我只好答，短期求根治，很难办；不得已，尽己力而为，见题别慌，想清楚再写，如果时间允许，修改一两遍，抄，字要清楚整齐，以期阅卷人能有个好印象。我的答复显然是死马当活马治的办法，病是不会因此而消减的。病有因，因是什么？不外三种：一是作文的性质就是讨厌，打个比方，很像水中的泥鳅，它分明卧在那里，可是太滑，难于抓住。二是反求诸己，也许除了勤惰之外，还有天资的因素？三是学习的方法也许有问题，以致常常事倍而功半。三种可能的原因，假定都是实有的，前两种属于客观，主观无能为力，可以不管。只剩下一条路，到学习方法方面去找。关于学习方法，读的方面已经谈了一些，需要谈谈的还有写。写，内容比较复杂，要从入门，就是开始执笔学作文说起。

记得很久以前，什么机会忘记了，一个小学学生求我替他写个请假条。我问他为什么不自己写，他说没写过，不知道用什么格式。我问他当着老师的面会说不会说，他说会说。我让他试着说一遍。他说："吴老师，我明天上午不来，请假。我姨来我们家，病了，让我跟她上医院。要是完得早，我下午还来；要是太晚，下午也许不能来了。我先请半天假，可以吗？"我说："你就把刚才说的话写下来，不就是请假条吗？"他听了有些惊讶，大概是觉得，"文"须是另一套，怎么能够如此轻易呢？

这件事很小，却隐藏着一个有关学作文的大问题，或说思想认识的大问题，就是：作为入门，是要"记话"呢还是要"学文"？这里把记话和学文看作对立的两面，主要是从思想认识方面说的；至于实际拿起笔去写，尤其学有所得之后，纸上的一句，究竟是来自己之话还是来自人之文，或二者兼而有之，那是颇难说的。至于早期，在思想认识方面，二者却有相当大的距离。据我所知，很多人，教、学，都是专力，至少是偏重学文。读范文，举范文，都设想必须照猫然后可以画虎。初学，内容和写法都隔膜，自然觉得高远不可及，难，这就会成为学习的绊脚石。

记话是反其道而行，说，作文又有什么难？不过是把想说的话写下来罢了。这话当然说得过于粗疏，实行的时候难免要附加一些条件。但那无妨慢慢来，初学的时候，这种粗率的想法会有很多好处。

（一）初学的人还不会作文，不会就容易看作高深甚至神秘，因而有些怕。这时候，要求他学范文，如果还把范文说得神乎其神，他学不像，就更怕。这很不利于学习。避免之道是由记话入手，想说什么就写什么，写不好也不在意。这轻而易举，怕的心理自然可以烟消云散。不论学什么，胆量大些总比畏首畏尾好。

（二）不怕是消极方面的利益；还有积极的，是容易得其门而入。记话，遇一事或一题，总不至于无话可说，有话可说就有文可写，于是作文成为很容易的事。自然，这样写成的文章，尤其是早期，可能有不少缺点：内容不充实，条理不清楚，文字不精炼，等等。但这都是学习过程中不可免的事，只要按部就班地读、写，在读和写的过程中锻炼思路，摸索表达方法，勤修细改，缺点逐渐减少，直到大醇小疵，是一定能够做到的。

（三）我学作文，是从模仿范文开始，不管什么题，总是以"人生于世"开头，"岂不懿欤"或"可不慎哉"结尾，中间当然还要夹些故作高深、唉声叹气的话。现在想来，这正是非八股形式的八股，幸而除老师之外，没有别人看见；但浪费许多时间终究未免可惜。如果由记话起就不会走这么长的冤枉路。当然，关系的重大还不只此也。我们都知道，上好的文章是表现自己的思想感情的。很明显，由学文向前走就容易偏离这个目标，由记话向前走就容易接近这个目标。五四时代有"言志"（言自己之志）和"载道"（载他人之道）为相反的两种写作态度的说法，其时是推崇言志，嘲讽载道。言志好，容易说，做到却不那么容易，这既要有见识，又要有言己志的习惯。从某一个角度看，我们未尝不可以说，学作文，以记话为出发点，正是培养言志习惯的好方法。

（四）前面谈表达以及言文关系的时候曾说，写文像话是个理想，因为这样的文常常有朴实、平易、活泼、流利的优点。相反的方向是力求不像话，扭捏造作，文绉绉。走向不同的方向，既有思想方面的原因，又有习惯方面的原因。习惯方面的原因也许是次要的，但是未可轻视，这有如穿着高跟走惯了，一旦换为平底，也许反而感到不方便吧？由记话起，顺路往前走，养成的习惯自然是像话。

（五）由记话起，写到纸上，成文，它就变了性质，与"一言出口，驷马难追"的话不同了。文，可以再看，或念念自己听听，可以修改或难免修改。比如这文是如实地记话的，再看，发现某句之前有没用的"这个，这个"，当然要删去；某一句没说明白，只好改动一下；甚至发现某几句次序不妥，以致条理不清，只好颠倒过来，甚至改写。这过程是改文，其实也是改话，即以多余的"这个，这个"而论，用笔删过几次，再说的时候，总会记得它是多余，避免再重复吧？这就是说，学作文由记话起，还有改进"说"的作用。

（六）还会有利于勤练多写。这道理很明显，学文，文，按照旧框框要讲究开头结尾，讲究起承转合，这自然就成为大事；记话就不然，想说的未必合什么规格，成什么系统，但不管它，还是写出来，这自然就成为小事。小事，看作家常便饭，许多大作家就是这样练成本领的。

以上说的都是由记话入手的好处，有人也许要提出疑问，这同由读学写的主张没有矛盾吗？情况是这样：读是吸取内容，学习表情达意的方法，到自己拿笔，所谓由记话入手是"以自己为主"，灵活运用已经吸取的内容和方法。学文是先有个好文章的框框，拿起笔，"以范文为主"，自己用力去追。用旧话说，由学文入手是庄子所谓邯郸学步，常常是费力而不讨好；由记话入手是老子所谓无为而无不为，开头也许有点吊儿郎当，及至上了路，脚下无石，目前无树，常常是走得更快的。

一七　随手涂抹

前面谈"什么是作文"的时候曾说，作文不限定在课堂之内，而多半在课堂之外；谈"多读多写"的时候曾说，学会作文靠熟，想熟就不能不多读多写。这里从写的角度再谈谈多写。多写，目的是增加动笔的机会，培养动笔的兴趣，以期熟能生巧，冲破作文难这一关。

先由机会和兴趣这类现象谈起。在各种生活条件差不多的情况之下，有的人喜欢动笔，有的人不喜欢动笔，这是大家都知道的。差别的原因很复杂，不只因人而异，还可能深微到属于遗传和心理的领域。这里我们无妨避难就易，笼统称喜欢动笔为性之所近。性近，养成多写的习惯和兴趣自然比较容易，反之就难一些。差别还表现在另一方面，比如同样喜欢动笔，有的人进步快，成就大，如晋朝陆机，传说他的名著

《文赋》是二十岁写的。相反，旧时代有些冬烘先生，一生以训童蒙为业，也不少动笔，可是，不只写不出像样的诗文来，甚至简简单单一封信也不能通顺无疵。有些人重视这种差别，自己或子弟一时写不好，就把原因推诸天性，甚至说不是什么什么的材料，不必妄想，赶紧改行。这种想法当然是不对的，因为：（1）天资，即使有，它的力量也决不至于大到可以阻止学习一种普通的技能，我们应该努力做的是人定胜天。（2）何况在尽力做之前，我们并不能证明我们一定不能做。（3）行是改不了的，因为生活在社会上，要同许多人交往，要处理许多种事务，那就经常不能离开说，常常不能离开写。所以正确的态度是即使难也迎头赶上去，即争取多写，这里夸张一些说是"随手涂抹"。

所谓随手涂抹主要包括以下几种意思。

（一）天天写，不间断。俗话说，拳不离手，曲不离口，意思是，练武功，练唱，必须天天来，不能三天打鱼，两天晒网。这方面的经验，歌舞、杂技等演员以及运动员等体会得最深，就是除了病倒之外，每天必须练功。写作也是这样，想学好，最好是天天动笔，时时动笔。古今中外的大作家，本领都是这样练出来的。譬如鲁迅先生，从小喜欢抄抄写写，到后来就成为癖好，好像一天不写点什么就如有所失。这样经常写，笔下表情达意的功夫越来越高，以至（如写杂感）有点什么意思，提笔伸纸，能够一气呵成，文不加点。自然，我们不能要求人人向鲁迅先生看齐，但熟能生巧的道理是一样的，天天写，手变生为熟，有什么思想感情需要表达就可以毫不费力。

（二）不放过任何动笔的机会。有动笔的机会而不写，也有不同的情况。最常见的一种是"怕"。前很多年听过一个故事，是嘲笑私塾老师的，说有个妇女来书房，请老师替她给娘家写一封信，内容比较琐碎，既有事务又有牢骚，老师拿着笔沉吟，写不清楚，于是问娘家离多远，答说二十里，老师说："那我还是替你跑一趟吧，比写省事。"这是因本领不大而怕。更常见的是本领未必很差，但爱面子，怕万一写不好出丑，也总是能推辞就不动笔。怕之外的一种不愿动笔的原因是"懒"。因为没兴趣，嫌费力，所以可以写的甚至应该写的都不写，或者推给别人。怕和懒都不利于学习作文。所以必须反其道而行，有动笔的机会，估计未必写得好，不怕；不管怎样没兴趣，不懒。举例说，上学时期，班里找人起草个什么，自己最好告奋勇去承担，切不可让到自己头上而退缩不干。再例如，生活的路上，需要传、需要记的事情会常常有，可以托人口传的，最好写下来，代替说；可记可不记的，最好记下来，即使将来未必有参考的价值也好。

（三）还可以进一步，创造一些动笔的机会。这类的动笔机会，有经常性的，留到下面说。这里说非经常性的，情况自然很复杂。即以上学时期为例，作文通常是两周一次，自己无妨规定加一次，题目自拟或请老师代拟均可（不要求老师批改）；有时候，同学之间对某事看法不同，可以商定，不作口角之争而打笔墨官司；可以组织墙报；还可以向报刊投稿，因为主要目的是练习作文，不采用也不以为意；等等。总之，笔在自己手里，只要愿意写，总可以找到不少机会。这种找机会写的努力是不会劳而无功的。

（四）题目说涂抹，不说写，意思是，至少在早期，可以不经意，不求好。情况可以是这样：针对某一事或某一问题，心里有个大略的想法，于是拿起笔就写，文章的条理随兴之所至，可以由甲及乙，也可以由乙及甲，某种意思如何表达也随兴之所至，可以正说，也可以反说，篇幅也随兴之所至，兴未尽就多写，兴已尽就停止。这样写出来自然未必好，甚至毛病很多，但可以不管，因为主要目的是求多，求快。这种随手涂抹式的练习有优点：（1）因为不经意，不求好，就可以在心理上化难为易，这对培养喜欢写的兴趣和习惯大有好处。（2）因为不经意，笔下可以奔放，任意驰骋，这就技能的提高以及风格的摸索说，比循规蹈矩、不敢越雷池一步的拘谨态度就好多了。（3）随意涂抹，笔随兴之所至，日久天长，就可以在无定法中领悟多种法，这是文笔多变、攀上更高境界的起点。

这样不经意，不求好，写成的文就一定不好吗？也不一定。这有两种情况：（1）上一段说可能毛病很多，是就早期说的；到学有所得就未必是这样。昔人推崇某作家本领高，有"腹稿"的说法，意思是下笔就写成天衣无缝之文，像是心中已有未写到纸上的文章一样。其实是，越是成熟的作家，心中的文稿越是不清晰细致；他所以能下笔无疵，是由于有清晰的思路和熟练的表达能力，而这清晰与熟练，多半是由长时期的随手涂抹来的。（2）不经意，不求好，是为了写得多而快；但是在多而快的过程中，或者在已经多而快之后，并不是不容许经意和求好。经意，主要是在思索方面多下功夫；求好，主要是在修改方面多下功夫。这样，随手涂抹逐渐加上经意和求好的成分，作文的进步就会更快，更有把握。

最后说说经常的动笔机会。这要靠自己，一是创造，二是坚持。我的经验，由低到高或由平常到特殊，可以有多种方式，这里说一些，偏于举例性质。一种是"日记"。这是一种很好的练习写作的方式，因为是"日"记，须天天动笔，其他任何方式都没有这个优越性。它还有一个优越性是灵活，可以只记一天的经历，有如备他日查核的流水账；也可以上天下地，外物内心，无所不记。过去有名人物的日记，有些出版问世，其中有的近于前一种，如《鲁迅日记》；有的近于后一种，如李慈铭的《越缦堂日记》；绝大多数是处于二者之间。由练习写作的角度看，《越缦堂日记》的写法很值得我们深思，他是上天下地，无所不谈，而中心是谈读书所得，谈学问。他的日记，除失落八册之外，还影印了六十多册。都是原稿，当天随手涂

抹的，可是有的谈大学问，一天上千字。初学写日记，最好走他这一路，这
最有利于多思、多写。现在年轻人写日记的像是不多，或者一时期有意写
而不能坚持，失去最好的练习写作的机会，这是很可惜的。再有一种是"札
记"。札记的内容，最常见的是记"所读"，或记"所思"，或记所读和所思
的混合。因为生在现代社会，每天难免有所读，有所思，所以札记也是很
好的练习写作的方式。过去许多大学者、大作家在这方面下过大功夫，因
而也就有大成就，如宋朝洪迈的《容斋随笔》，清朝顾炎武的《日知录》等
都是。《日知录》，太高了，但我们无妨取法乎上，虽不能之而心向往之。
还有一种方式，虽然高一些，特殊一些，如果有志，有条件，也无妨试试，
就是针对某一题材或某一问题，搜集材料，写自己的意见，作为集腋成裘、
完成大著作的准备。古人有些著作就是这样完成的，我们这里着重取它的
利于作文的优点，近于断章取义甚至买椟还珠，因为想重事功，也就管不
了这许多了。

一八　低标准和高标准

　　上一节谈多写之道，鼓吹随手涂抹。随手涂抹，有目的，目的是什么？这使我想到，不只一次，有的渴望学会作文的年轻人来问，怎么样就算写好了。这个问题很难答复，因为"好"的意义不定，还有，不同的人心目中会有不同的"好"。勉强答复，也要多费些唇舌，就是要分析。总的说是看你所谓好是以什么为标准。标准可以各式各样，这里化繁为简，姑且概括为两类，一类是低标准，另一类是高标准。低标准容易说，高标准不容易说。幸而对初学说，应该多注意的是低标准。下面从低标准说起。

　　低标准容易说，是因为我们可以从消极方面给它规定个范围，就是要没有让人家揪住辫子的错误和大不妥。这类错误和大不妥，主要是以下几个方面。

　　（一）错别字。什么是错别字？像是人人都知道，

81

其实里面也有一些问题。自然，我们可以先给它下个定义，比如说，是指人家看了不知何义，或者想用它表示某义而它并不能表示某义的字都是。但定义简而情况复杂得多，所以还需要多说几句。写错别字，古人在少数地方是容许的，如不写"早"而写"蚤"，不写"背"而写"倍"，等等。还有一种情况，如"椅"是后起的，原来写"倚"，表示有背可靠，直到明朝，有的老学究还嘲讽写"椅"为不通。写字，"从今"是个原则，我们现在写，即使是文言，总以用"早""椅"而不用"蚤""倚"为是。这与我们的实际写作像是关系不大，但原则是重要的，要记住。从今，向前大迈一步，会踩上"从俗"，对不对？这就难于一言定案。问题在于：（1）是不是已经到了"约定"的程度；（2）与明文规定有没有抵触。一般说，是最好慎重一些，宁可作个保守派。这"保守"也是个原则。有了"从今"加"保守"，我们就容易处理有关错别字的许多问题。下面是常见的一些情况。

（1）笔画不对，如"式"写"戒"、"藩"写"潘"是笔画位置不对；"武"写"武"、"陷"写"陷"是笔画不对。

（2）从俗不合规定，如"街"写"亍"、"酒"写"氿"之类。有人也许会说，新写法渐渐流行，推想是会得到大家承认甚至规定承认的。我想，这最好还是不放弃保守的原则，暂仍旧贯，等规定承认了再随着维新。

（3）只凭自己想象而创造的，如a.完全自造，指"绱"鞋、"捌"锅之类；b.由类推而造，指"趴"迹、接"踵"而来之类。此外，还可能有不知如何写而瞎写的，情况千变万化，难于举例。

（4）以甲代乙，过去所谓别字。情况无限之多，如鸡"旦"、"代"着书包之类是图省事，用笔画少的同音字代替；不"在"犯错误、大"盖"他不来之类是漫不经意，甚至以为写哪一个都无所谓；一种最常见的情况是不明词义，以为写对了实际是写错了，如在医院里"修"养、"固"步自封之类;等等。通常说写错别字,绝大部分属于这一类,所以要特别注意。

(5)写字不合从今的原则,还有一种常见的情况,是应该用简体而写了繁体,不应该用废了的异体而写了异体。这或者不应该算错,但为了避免减弱传达的效能,最好还是努力求合乎规定。

(6)还有一种情况,是保守和维新很难说谁对谁错。例如年"轻"人和年"青"人,就字义说是"轻"对,轻者,量少也,年轻就是年岁小;可是年岁小与"青春"有不解之缘,于是"青"字就大有诱惑力,而许多人就宁愿用"青"而不用"轻"了。按照约定俗成的原则,已经为多数人所承认,当然要算对。但也不可因此而说用"轻"错。莫"名"其妙和莫"明"其妙也属于这一类,情况却比较复杂。用"名"是老牌,其意义是心知其妙而难于用言语表达。这与我们现在的取义很不同,我们用这个成语是表示,不知其妙在哪里,因而用"明"就恰如其分了。遇见这种情况怎么处理?两者都算对没有问题,问题在于任择其一怎样定取舍,我的意见,用"明"名实相副,也许好一些。

错别字,下里巴人之事,谈得这样多,像是小题大做。其实不然,因为作文是为了表达思想感情,写错了,表达就必然要受到影响。再有,就现实说,许多人,包括程度不很低的,这个小小关口并没有过去。小的尚且不能过,其他就会更难,所以决不可等闲视之。

(二)用词不当。这方面的情况更加复杂,这里只能最概括地谈谈。可以分为两类。一类是生造词,如"住止""奖扬"之类,都不在约定俗成之列,或说是为词典所不收,大家所不用,人家自然不能确切领会是什么意义。严格说,生造词是不能表义,以为能表而不能表,当然要算错误。

用词不当,绝大多数是应该用这一个而用了那一个。这里就碰到所谓"最恰当"究竟何所指的问题。记得法国小说家莫泊桑学写作,他的老师福罗贝尔（福楼拜）曾告诉他，描写某事物，应该只有一个词最恰当，你要找到那一个。这个想法对不对？有时候，情况也许是这样；困难在于，怎么能够证明所用的一个正是最恰当的一个。举例说，所想描写的事物是甲，而想到用来描写的词有子、丑、寅、卯、辰、巳几个，这几个比较，只有一个最好是一种可能，两个同样好也是一种可能，最好的一个竟不在这几个之内仍是一种可能，如果情况不是第一种可能而是第二或第三种，福罗贝尔（福楼拜）先生的教导就落了空。就我们这里谈作文说，我们不能不躲开这个较为玄远的问题，而要退一步，粗略地说可能写到纸面上的词有三类。一类，读者看了，所理解的同你想表达的一致或很接近，如一位好同志发表个意见，你不同意，虽然表示不同意，却说"尊重"他的意见。另一类，读者看了，所理解的同你想表达的不接近却又离得不很远，如不用"尊重"而用"尊敬"。还有一类，是南辕北辙，如不用"尊重"或"尊敬"，而用了"恭敬""羡慕"。这最后一类是个大胶皮口袋，几乎什么都可以装进去，比如想说"规矩"而用了"范围"，想说"团结"而用了"勾结"，等等。我个人想，就低标准说，用词不当应该指这第三类，因为第二类，如果宽厚一些，也可以不算揪住辫子的错误。

（三）造句方面的错误，也就是严格的语法意义的错误。这是一部二十四史，无从说起。俗话说："虱子多不咬，账多不愁。"既然说不尽，只好一概不说。幸而近些年来语法学颇为时兴，大家都会知道，语法是一种语言的由习惯而定型的词与词的结构形式（即造句）的规范。如一般情况下是主在谓前（我读书），说"读书我"就不合语法；一般情况下是宾在动后（吃饭），说"饭吃"就不合语法；等等。这里需要谈谈的有两个问题。一是所谓错误是不是严格限于"形式"，如果是这样，"发表问题""解决意见"之类就不能算错误，因为都是动词带宾语，不违反形式。有的人认为，强调语法的实用性，这类词不搭配的情况无妨也算作语法错误。我想，算作语法错误也好，算作用词或修辞错误也好，就作文说，即使采用低标准，也以不轻易放过为是。还有一个是对将错就错的宽严问题。有些说法，如"他非去"（省去"不可"），"忠诚教育事业"（形容词带宾语），"由于上课不用心，使得我考试不及格"（缺主语）之类，就语法说，尤其是早期，几乎都认为不合规范；可是它偏偏时来运转，势力越来越大，根据约定俗成的原则，似乎又不能不承认它的合法地位。不承认是严，有错必纠；承认是宽，将错就错。我们要何去何从？一种没办法的办法也许是古人常用的"穷则独善其身"，自己暂且不这样写，因为尽有新旧派都首肯的其他说法可以代替。

（四）意思不清楚。严格说，写错别字，用词不当，造句有误，多多少少都会影响意思的表达；为了分工，这里是指那三种以外的意思不清楚。这类意思不清楚，情况自然也是无限之多，难于枚举。避难就易，可以概括为两类。一类是全篇的，比如态度模棱（看不出究竟有什么主张）、轻重错乱（看不出重点在哪里）、各部分间不协调甚至矛盾（更看不出究竟意见是什么）等等，其结果都是文章主旨不明。另一类是部分的，一句或几句，意思说不清，或前后不能照应，或像是应该说甲而说成乙，等等，总之，都会使读者感到莫明其妙。写文章给人看，目的当然是求人有所知；意思不清楚的结果是人不能有所知，所以也是大缺点。

（五）条理混乱。文章的条理，随内容的不同而千变万化。比如记叙要重视事件内容以及时间的因素，说明要重视事物的全体和部分以及性质和状貌的关系，议论要重视论点和论据的安排，等等。就是同一内容，也可以采用不同的条理来述说，这是文心的自由；但这种自由是选择路径的自由，选定之后，举步上路，就不再有随意岔开甚至倒行逆施的自由。怎么样算不岔开、不倒行逆施？难于具体说；不得已，只好从要求方面探索，是让人家看了，觉得眉目清晰，各部分的由此及彼，都像是不得不然，因而很容易抓住文章的主旨，文章的条理来自思路的条理，思路飘忽，可以用写提纲的办法使之稳定，这留到以后再谈。

（六）文不对题。作文，一般是别人命题。同一个题目，立意和写法也是千变万化；但无论怎样变、怎样化，总得是同那个题目能够对应的。记得中学时期学校期考出个笑话，有个同学功课不佳而好开玩笑，碰巧作文题很古怪，他作不上来，却写了一篇呈校长的建议书，篇幅不短，但内容只是食堂馒头质量差，罗列缺点，分析原因，以及应如何改进云云。评卷后当然得零分，因为是十足的文不对题。一般作文，像这样的当然没有，但抓不住重点，甚至跑野马，写许多无关紧要的枝节，以致不切题的，却也间或有之。这虽然是不很多见的毛病，却也应该注意。

以上是谈低标准，都是由消极方面规定，作文，只要没有或很少这些明显的缺点，就算及了格。

高标准要由积极方面说，不是没有明显的缺点，而是有优点，或者说，不只是通顺，而是好。前面说，"好"的意义不定，不同的人心目中会有不同的"好"，这就使这个问题复杂起来。以古典作品为例，像《史记》、杜诗那样的辉煌著作，也难免有人吹毛求疵，这是由于仁者见仁、智者见智。幸而我们这里不是评价具体篇章，可以从概括要求方面大致描画个面貌。我想，这还可以分为程度不同的两类，一类是"一般"的高，另一类是"特殊"的高。

所谓一般的高，是指够这样水平的文章：内容方面，平实，就是说，介绍知识能够确实，抒发感情能够真挚，提出主张能够言之成理，等等；表达方面，畅达，就是说，遣词造句能够确切、清晰，行文能够简练、流利，等等。文章写到这样，明眼的读者会认为，确是功力不浅，甚至其中有不少是值得学习的。

所谓特殊的高，情况就不同了，而是：就内容说，新颖，深刻，能够见人之所未见，言人之所未言；表达方面，遣词造句能够丰富多变，左右逢源，行文如行云流水，像是漫不经意而无不恰到好处，尤其重要的是具有自己的风格，识货者一见而知这是出自某某笔下，而绝非他人所能仿佛。文章到此境界，旧话说是炉火纯青，自然只有很少的人能够有此本领；但作文提高，如果不半途而废，渐渐接近它总是可能的吧？所以也应该知道还有这么个境界。

特殊的高，像是登上珠穆朗玛峰，自然不是容易的事。学习作文，要千里之行始于足下，态度最好是这样：低标准，一定要很快达到；一般的高标准，争取早日达到；至于特殊的高标准，可以虽不能至而心向往之。

一九　关于照猫画虎

拟这个题目，是想谈谈仿作的效用和利弊问题。

"仿"有广狭二义。如果用广义，我们可以说，任何文章，甚至一言一句，都是仿作，因为很难说古人没有这样写过。这用褒语说是"无一字无来历"，用贬语说是"千古文章一大抄"。但这类的仿，绝大多数是无意的，正如女儿说话像妈妈，熟了，惯了，一张口，不知其然而然地就走了老路。仿也可以是有意的，如苏东坡之于《庄子》，归震川之于《史记》，因为喜欢，钦佩，下笔，有时就心仰手追，希望纸上也出现那样的神理。这有意的仿是取其神，还不是状其貌，所以与狭义的仿有大分别。

狭义的仿是既取其神，又状其貌，也就是俗话说的照猫画虎。广义的仿含而不露，与我们想谈的问题关系不大；这里专谈狭义的仿。

狭义的仿也是古已有之。褚少孙补《史记》仿太史公《史记》,扬雄《法言》仿《论语》,这是体制所限,不得不然。王逸作《九思》,仿《楚辞·九章》;李商隐作《韩碑》诗,仿韩愈文,虽然不用同一格局而神情相似。更近一步,如李白作《拟恨赋》,仿江淹《恨赋》;鲁迅作《我的失恋》(副题为"拟古的新打油诗",见《野草》),仿张衡《四愁诗》,是亦步亦趋,连格局也一样。其实,就格局之为仿作的外貌条件说,格律诗(包括试帖诗)、填词、谱曲以及八股文、寿序、墓志铭之类,无妨都算作仿作,因为都是照老样子铺叙一番。

照老样子铺叙,有其必要性。这从消极方面说是不得不如此,譬如你作七言律诗,就必须一首八句,每句七个字,双句末尾押韵,平仄协调,等等。从积极方面说还有大好处,是依固定格局练功,所照之猫又大多是成熟的作品,多次重复,会收到稳妥而扎实的效果。因为这样,所以古人学习写作,几乎都用过这种办法,并且重视这种办法。

也许由于古人的启发,也许不是而出于今人的探索而有所得,近些年来,教作文或学作文,着重仿作以求速成的办法像是颇为流行。这表现为"小学生作文"和"中学生作文"之类的书刊为数不少,据说销路也颇为可观。这类书刊选录的文章,大多为学生的习作,有的附有老师或语文专家的批改。显然,这是兼讲作法的范本,意思是还不够这样水平的,可以体会仿效,急起直追。这种办法究竟好不好?

我的看法,适度地用,有好处;如果超过限度,把它看作唯一的灵丹妙药,那就会欲速则不达。

先说好处。前面一再说过这个意思,学作文也要取法乎上,以求至少能够仅得乎中。可是对初学说,取法乎上有时候会感到困难,这就是孔子大弟子颜回说的:"仰之弥高,钻之弥坚,瞻之在前,忽焉在后。"总之是不知道妙处在哪里。还有时候，大致知道妙处在哪里，可是自己的本领与之差距太大，心有余而力不足，是欲接近而不得其门而入。如旧时代许多文人对《庄子》就是这种心情，高山仰止，可是上不去，于是不得已，退而学韩柳，甚至更退而学方苞、姚鼐，甘心作桐城派的末流。再举近代大作家为例，鲁迅的作品，大家都承认是至高的范本，可是学它却不容易。至于初学，据我所知，有些人就常常看不懂，不懂，其妙处在哪里尚且不知，自然就更谈不到学它了。这里的问题是理想与可能的兼顾或暂时偏顾的问题。取法乎上是理想，做不到，只好舍兼顾而暂安于偏顾，先要"可能"。"小学生作文"和"中学生作文"之类的优越性就在这里。你说它不够"上"吗？确是如此。可是它是可能拿到手的，容易拿到手的，根据手里的麻雀大过天空的鹰的原则，我们当然应该抓住它不放，就是说，把它看作入门之路，好好利用它，让学习的人于照猫画虎的练习中，不知道如何作的变为知道如何作，不能通顺的变为能够通顺。

得其门而入，提高快，是偏顾"可能"的好处。但不可因此而放弃了兼顾，就是说，不应该停在这里，而不向"理想"或"取法乎上"前进。如果真就停止不前，那就是利用仿作超过了限度，过犹不及，好处会变为坏处。坏处是下面这些。

（一）受拘束，不利于放。有时候，我听见有的老人物或半老人物评论报刊上的某些文章，说是"不脱中学生气"。这意思是，题材范围窄，立意浅易而平常，表达方面，用全力修饰，所得却是疲弱而不自然。这评论自然也是仁者见仁，智者见智，不过说中学生时代的文章还不能高，不能深，不能放，这意见是不错的。仿作，以这类文章为范本，就像是在有围墙的体育场里跑步，无论你怎样驰骋，冲到围墙以外的可能是没有的。就作文说是有个框框拘束着，拿起笔，亦步亦趋，就很难跳到框框以外。这从长远方面看是不利的,因为初学作文,提高的一个重要动力是放,即打破拘束。这在前面已经说过,不再赘。

(二)难得博取就不能取法乎上。由道理方面说,强调仿作的办法未必就不能兼顾博取,但事实是,既然大部分注意力放在《小学生作文》和《中学生作文》之类上,想同时研读鲁迅以及五四时代及其后的许多作家的许多作品自然就不容易了。其结果是,文思和文笔的泉源仅仅来自学生作品之猫,照样画,即使成绩好,能够完全不走样,也不过完成个同样的猫,想画成呼啸山林的虎是做不到的。成猫而不成虎,这是能得近处之小利而不能得远方之大利,度长短,计得失,是不合算的。

(三)难得大提高。上一节谈写作的低标准和高标准。仿作的范本当然超过低标准,因为不只是没有揪住辫子的错误,而是平稳通顺,在立意、取材、条理、表达等方面都合乎作文法的规程。有的人也许会想,这就够了。知足,不好高骛远,自然也没有什么不可以。不过,以学习书法为喻,昔日文人写小楷,只求平整匀称,能够通过科举考试,这就自己说是有成为书法家的机会而不利用,由别人看是甘居中游,总之是未免可惜。学作文也一样,只致力于仿作,满足于平稳通顺,有再提高的机会而不求提高,也是未免可惜。求提高,就不能在仿作的范围内踏步不进,因为仿作有个极限,是逼真范本,而范本,充其量不过是超过"学生气"不多的作品,只满足于此,最多也只是取法乎中了。

由以上的分析看来,仿作的办法,其价值有正反两面:初学,有利于速成;但过于依赖它,就会阻碍向高处远处发展。稳妥的利用办法是取其所长而舍其所短,具体说可以这样:(1)就时间说,早期多用(不是专用)一些,随着程度的提高,逐渐减少。(2)就范围说,即使是早期,也可以兼仿学生作品以外的作品,举例说,读了鲁迅先生《朝花夕拾》,作为样本,模仿写两篇回忆也未尝不好。（3）时时记住，仿作是儿童的学步车，扶着它走，目的是终于有一天，能够离开它蹦蹦跳跳。作文的蹦蹦跳跳是广取众长，融会成自己的所见所知和表达格调。这要到他人的汗牛充栋的篇章里去摸索，自己的千百次的胡乱涂抹里去摸索，总是坐在小书桌前照猫画虎是不成的。

二〇 写作知识

　　这一节想谈谈写作知识对学习作文究竟有多大作用的问题。这个问题相当复杂，不是点头或摇头的两极端的态度所能解决。复杂，要分析，要考虑有关的各个方面。

　　首先要弄清楚什么是写作知识。由学作文的角度看，这可以有广狭二义。狭义是指供中小学生和初学用的各种名称的、以各种形式（课本之内和课本之外，零篇和整本）出现的写作常识之类。这类写作常识，因为是面对中小学生和初学，所以一般说都比较浅显。至于广义，那就繁杂多了，因为范围可以尽量扩大，程度可以尽量提高。扩大，提高，于是它就不能不包括古今（为头绪简明，不涉及外文）的各种形式的与写作方法有关的大量著作。先说古，其中有专著，又可以分为整本和单篇：如刘勰《文心雕龙》、钟嵘《诗品》、王国维《人间词话》之类是整本的;曹丕《典论·论文》、陆机《文赋》、顾炎武《文章繁简》之类是单篇的。还有散作,形式五花八门,数量几乎多到无限。举一点点例:可以是记叙中顺便提到,如《论语·宪问》:"为命,裨谌草创之,世叔讨论之,行人子羽修饰之,东里子产润色之。"也可以是文章的批注,如《水浒传》写武松打虎,遇虎之前,武松"见一块光挞挞大青石",金圣叹批:"奔过乱林,便应跳出虎来矣,却偏又生出一块青石,几乎要睡,使读者急杀了,然后放出虎来。才子可恨如此!"还可以是作者一时的感触,如杜甫诗:"文章千古事,得失寸心知。"这类零零碎碎的材料,甚至片言只字,因为多是经验之谈,所以常常更能发人深省。再说今,数量虽然没有古那样多,内容却更加深厚,更切实用。这包括各种题材的有关写作的论文,以及文艺理论和文学批评的专著,直到美学著作等。这类作品自然是比较难读的,不过,学作文而能不断提高,总有一天要参看它,以求他山之石,可以攻玉。

这样大量的材料,性质不一,深浅有别,为了学习作文,我们要怎样对待?一言以蔽之不好说,还是分作广狭二义考虑。先说狭义的,即供初学用的写作知识入门之类。记得昔年许多老一辈作家,多数是看不起这类著作的,甚至以为看了不如不看。其意大概是所谈都是胶柱鼓瑟,隔靴搔痒,信它,所得很少,反而会受拘束,难得向高远处发展。这看法对不对呢?也对也不对。我的意思,如果这话是就他们自己的情况说,并且是给他们自己或同他们相类的人听的,可以算对,因为他们的本领确不是从这类入门书来,而入门书中所讲,在他们看来常常失之机械,失之肤浅。但是,大量的初学究竟还没有他们那样的经历和本领,譬如上房,他们是已经站在房顶上,初学则还在地平面,如果入门书可以起或略起梯子的作用,为什么不可以利用呢?

　　我们应该承认，知识，只要不是完全荒谬，总是有用的。写作的入门知识，纵使还不能登大雅之堂，既然是知识，对于初学，知道一些总会比毫无所知好一些。但这是泛泛说，至于能不能真见效用，有没有流弊，还要看我们怎样利用。在这方面，我以为应该注意以下几点。

　　（一）切不可喧宾夺主。主指主力，宾指辅助力量。作文，学会，提高，主力是多读多写；不多读多写，头脑里没有可写的内容，以及拣择适当的语句以表现某种内容的行文习惯，拿起笔自然就莫知所措。这靠写作知识，比如怎样开头，怎样结尾，怎样组织材料等等，是补救不了的。多读多写要费时间，必须具有坚持的毅力，有不少年轻人太忙，不愿意走这条费力的路，于是想求助于写作知识，翻阅一两个小本本就豁然贯通，我想说一句扫兴的话，是此路不通。

　　（二）写作知识是辅助力量，助，先要受助者大致能自立，所以读它宜于在较后期。具体说，用多读多写的办法，已经读了相当数量的作品，写的方面也略有经验，就是说，感性认识已经积累了不少；这时候看看写作知识的书，它就会帮助自己，整理杂乱的，使之有条理，补充缺漏的，使之完整，思考模棱的，使之明晰，就是说，提高为理性认识。这理性认识是明确地知其所以然，对于继续读，继续写，无论是理解、评价还是别择方面，都会起有力的提高作用。如果不是在较后期而在早期，感性认识没有或很少，读写作知识就不能体会、印证，甚至更坏，使头脑更加迷乱。

　　（三）要把写作知识看作参考意见，不可处处受它拘束。前面说到，有些老一辈作家看不起写作知识，嫌它胶柱鼓瑟，隔靴搔痒。因为这类知识是为初学说法，不能不求简明具体，而文章，写法千变万化，其微妙处常常可意会不可言传，所以言所传，尤其是粗浅的，就难免有不灵活、不深透的缺点。初学读这类书，要取其所长而舍其所短，最重要的一点是不要把它看作法条,以为非此不可。举个突出的例,语文课讲范文,写作知识讲表达方式,经常提到记叙、说明、议论的三分法,然后详细讲记叙文应如何作,说明文应如何作,议论文应如何作。这样讲,大体上也说得过去,但要过于执着,使它贯通一切,就难免碰钉子。因为:(1)一篇文章,常常是以一种表达方式为主,兼用其他表达方式,如记叙中有议论,议论中有说明,等等。(2)还可能是,看内容,应该用甲表达方式,而实际用了乙表达方式。关于第(1)种情况,可以举《史记·货殖列传》为例。它是讲汉代及以前的经济情况的,自然应该"记叙"事实,可是其中写了这样的话:

> 故君子富,好行其德;小人富,以适其力。渊深而鱼生之,山深而兽往之,人富而仁义附焉。富者得势益彰,失势则客无所之,以而不乐,夷狄益甚。谚曰:"千金之子,不死于市。"此非空言也。故曰:"天下熙熙,皆为利来;天下壤壤,皆为利往。"夫千乘之王,万家之侯,百室之君,尚犹患贫,而况匹夫编户之民乎!

这是记叙中插入"议论",好不好?可以引清代阳湖派古文家恽敬的话为证:"《史记·货殖列传》千头万绪,忽叙忽议,读者几于入武帝建章宫、炀帝迷楼。"可见如果照法条一叙到底,就反而没有这样精彩了。关于第(2)种情况,可以举《庄子·徐无鬼》为例。其中一段写庄子和惠子相互理解之深以及惠子死后庄子的伤痛之情,文字是这样:

> 庄子送葬,过惠子之墓,顾谓从者曰:"郢人垩慢其鼻端若蝇翼,使匠石斫之。匠石运斤成风,听而斫之,尽垩而鼻不伤。郢人立不失容。宋元君闻之,召匠石曰:'尝试为寡人为之。'匠石曰:'臣则尝能斫之。

虽然,臣之质死久矣。'自夫子之死也,吾无以为质矣,吾无与言之矣。"

这样的内容,照常规,似乎宜于写成抒情的散文,这里真是异想天开,却写成小说似的"记叙"文。可是,我们无妨想一想,不管用什么其他方式表达,还能写得比这更深刻更恳切吗? 记叙、说明、议论的三分法如此,其他近于规程的讲法也一样,都容许例外,也就是非处处可通,如果胶柱鼓瑟,并且把它贯彻到自己的笔下,那就会想闯出一条活路而实际走上一条死路。

（四）参考、吸收他人的看法是中间站,目的是走到终点站,形成自己的看法。他人的看法各式各样,难免有差异,有矛盾,甚至有缺漏,有错误;即使无懈可击,也要经过自己消化,才能成为信得过的知识。这所谓信得过,意思不是一定正确,人人都首肯;但是,只要自己能够言之成理,阅读和写作中证明用而有效,它就能够成为提高作文能力,甚至形成个人风格的动力。我觉得,如果承认写作知识有用,它的最大功用应该是作为材料、引线,以形成自己的写作知识。

以上主要是说狭义的写作知识,但（四）那部分已经踏入广义的领域,因为不涉猎广义的写作知识,形成自己的看法必致有困难,勉强形成也不牢固。不过说到参考、吸收广义的,那就一言难尽,因为范围太广,材料太多。幸而这跟学作文的早期关系不很密切,因而可以简略言之。只指出四点。（1）比照狭义的写作知识,广义的宜于放在更后期,就是不只有了充足的感性认识,而且有了初步的理性认识之后。不这样,比如说,读得还很少,写作还不能通顺,就好高骛远,读文学批评专著甚至美学专著,那就会搅得头昏脑胀,莫明其妙;即使记下一些议论或原理,也很难运用于实践,使之指导阅读和写作。（2）要由浅入深,由枝干到碎叶。浅深,难于细说,可以凭常识判断,如美学比文学概论深;也可以试着往前走,翻看两种,一种难懂,先读比较容易的。什么是枝干和碎叶?举古典的为例,《文赋》是枝,《文心雕龙》是干,散布在各种典籍、零碎谈到文的大量的文字都是叶。这叶,因为量太大,要适应自己的时间、精力,能多看多看,不能多看可以少看或不看。(3)要多相信自己,尽信书不如无书。理由刚刚讲过,不再赘。(4)要通过实践来评价,定取舍。所谓实践,是自己的读和写。一种看法,以之为指导去读,觉得豁然开朗,去写,觉得得心应手,就吸取而宝藏之;反之可以放在一旁,忘掉也没什么可惜。

以上广义的写作知识要如何利用也算谈完了。对于狭义的,上面所说也许偏于宽厚;如果顺从感情,我也许要站在老一辈作家那一边,说它没用或用处很小。可是,说来可笑,我却正在讲写作知识,这怎么解释呢?或者只能这样解释,这是卖瓜的说瓜苦,瓜虽苦而不说谎话,如果因此而得到顾客的称许,也就可以自慰了。

二一　言之有物

以上从"由记话起"五节是泛说写。以下分作
若干方面说写。再分作两组：先说"内容"，后说"表
达"。内容之一是"言之有物"，之二是"关于一己
之见"。

言之有物，意思是文章要有内容；所谓有内容，
意思是不管题材是什么，内容都要有价值。什么是价
值，这就比较难说了。

人著书立说，没有一个人说自己的所写是没有价
值的。可是在反对者的眼里就大不然，最突出的例是
孟子骂杨朱和墨翟。杨朱、墨翟是战国时期的大思想
家，杨朱的理论流传下来太少，但想来也一定言之成
理，墨翟主张兼爱、非攻，并且重在躬行，是历史上
罕见的可钦可敬人物；可是孟子骂他们："杨氏为我，
是无君也，墨氏兼爱，是无父也，无父无君，是禽兽

也。"《庄子》评论各家比较心平气和，可是《天下》篇中所说，也是有可有否，就是说，认为有些讲法是没有价值的。

价值问题，深言之是好坏、美丑等的标准问题，一言难尽。幸而我们这里可以避重就轻，甚至火中取栗。栗是什么？不过是，让天下人都首肯的内容是比较少的；因而可以退一步，承认多数人首肯甚至不很多的一部分人首肯的内容也是有某种价值的。

多数人首肯，或一部分人首肯，表面像是来自主观，实际却离不开客观标准。这可以由历史来证明，如范缜的《神灭论》，白居易的讽喻诗，不管上层人物怎样痛心疾首，总是光耀地流传下来了。还可以由广义的功利主义来证明，就是说，承认某种内容有价值，是因为它以不同的方式或多或少地对社会和人生有利。

读《史记·项羽本纪》，我们可以知道秦汉之际有哪些史实；读《论衡·书虚篇》，我们可以明白书传不可尽信之理；读阮籍《咏怀》诗，我们可以陶冶性情；读《黄帝内经素问》，我们可以深入理解中医理论，治病：这是不同方式的有利。读《资治通鉴》，我们可以知史；读《千字文》，我们可以识字：这是不同程度的有利。这类所谓利，想明其所以然也许不很容易，可是由常识辨认却常常不成问题。下面就以常识为根据，大致说说什么是有价值的内容。

（一）记实。记实是把客观存在的某一部分记下来。客观存在的一部分，可以大，如河外星云，可以小，如某一基本粒子；可以近，如手指受伤，可以远，如意大利火山爆发；可以是亲见，如风吹叶落，可以是传闻，如昭君出塞：情况多到无限。记某一部分究竟有什么用，情况也多到无限。这里只好从要求方面，总的说说怎么样才不失为有价值。这主要有三个方面。（1）所记之实要确是"实"。说话，记事，故意不实的情况所在多有，与我们想谈的问题无关；这里只说本意在记实的。但这也不容易，因为客观存在常常是复杂的，如果知识不丰富，眼光不锐敏，就会为假象所蒙蔽。所记非真，不只没有参考价值，而且一定会混淆视听，使读者产生错误的判断。假象误人，当然就谈不到价值了。（2）所记之实要有用。所谓有用，是可以供参考，或进一步，有助于鉴往知来，或更进一步，直接有教训意义。这两方面，举例不难：如冬日取暖用煤数量，记下来，可以供来年参考；史书记黄河多次改道，可以推知，如果放任不治，其后一定还要改道，这是鉴往知来；报刊记某人刻苦用功，自学成材，对广大情况相似的人有教训意义。难的是说某一记实没有用，没有价值。譬如有时候听见人说："狗打架，有什么可看的！"可是狗打架总是有人围着看。在这种地方，我们只得仍然信任常识，承认不少琐细的常态，没有或没有明显的用处，最好不记。（3）所记之实总不是单一的，要分主次。旧小说里常说："有话即长，无话即短。"话是值得说值得听的故事，是主，反之是次，要从略。写记实文章也要这样，有用的可以多写，详写，无用或用处很小的要少写或不写。

（二）说理。这指的是写自己的思想、自己的认识。人心之不同，各如其面，再加上不同的人，经历不同，造诣不同，因而就各人有各人认为值得阐明之理。这样说，理，由主观的角度看像是没有高下之分。但由客观的角度看就不然。例如对付春旱，稍有常识的人都知道应该兴修水利，可是旧时代三家村里也会有人主张应该乞求龙王显灵。兴修水利可以不旱，龙王显灵可以不旱，这其间的关系，由提出对付办法的人看来都有理在；可是理的性质有差别，前者是而后者非，前者真而后者假。因此，说理，首先应该有选择。写是、写真，不写非、不写假，是选择。写重不写轻也是重要的选择。怎么样分辨轻重？大致有两方面的标准：（1）能增加新知的是重，反之是轻。某一事，某一物，某一问题，大家的认识还不一致，甚至还有不少人根本没有注意到，写出来，明其理，就能使人增加新知，这是重。反之，例如说人离开空气不能活，道理自然很对，可是人人都知道，写了不能增加新知，这是轻。（2）有大用的是重，有小用的也是重，只有简直想不出有什么用处的是轻。所谓有用，是对社会和人生，即使是一小部分甚至一点点，有利。以有用无用分轻重，理由用不着说，需要说说的是不弃小用。小用也算重，原因之一是，人的知识、能力有高下，不当强求非力之所能及；之二是，宫室有宫室之用，绣花针有绣花针之用，物如此，理也一样，不同的问题需要不同的理来辨明，小理也是理，就某一特定范围说同样是有大价值的。

上一段说所写之理要满足两个条件：一是消极的，要不荒谬；二是积极的，要新颖而有用。这里还隐藏着一个问题没有谈，是要求不要求必须正确。我的想法，是最好能够这样要求；但在有些领域，这样要求也许暂时有困难，那就尽力之所能及，要求能够言之成理。说理，能够言之成理，即使一时不能获得绝大多数人认可，我们还是应该承认是有价值的。古代儒家、法家学说的对立是个很好的例：儒家重仁义，法家重法术，南辕北辙，可是都言之成理，所以能并存，都受到后代的重视。我们现在写文章，对某事物有自己的看法，这是有论点；论点有充足的理由（事实、原理等）支持，这是有论据。论点鲜明，论据有力，是言之成理。言之成理就有说服力，即使不能使人人心服口服。言之成理自然不是很容易的事，这需要有知识，尤其需要有见识。有知识，有见识，是从正面说；从反面说是，既没有违反科学常识的荒唐，又没有违反逻辑规律的谬误。不许有荒唐和谬误是小拘束，只要言之成理就可以成立是大自由，写说理文要努力利用这个大自由。

（三）抒情。这没有多少好说的，自己有喜怒哀乐，愿意用文字抒发出来,当然可以随自己的便,多写少写,用什么形式(散文、诗词等),皆无不可。只是有两点要注意。(1)感情要真挚,弄虚作假,无病呻吟,就没有价值,不能感人。(2)感情要健康。照荀子的讲法,人生而有欲,不健康的感情是不少的,如爱权势、贪财货、好享乐等等都是。宣扬这类感情,其结果是害己害人,就文说当然是没有价值的。相反,像屈原写《离骚》,杜甫写三吏三别,都表现了强烈的忧国忧民的感情,文当然是有大价值的。

以上分记实、说理、抒情为三是方便说,绝大多数文章是以一种为主,兼有其他成分。利用的时候宜于总起来,重点是:要内容有分量,有利于人民,有利于社会,使人读了有所得,甚至点头称叹。

初学作文,常见的一个缺点是没有内容,即言之无物。或主旨不明,或人云亦云,或琐细无谓,虽然是练习,这也是大病。补救之道是学习历代的名射手,要箭不虚发。

二二 关于一己之见

作文，内容方面的要求，从消极方面说是不要空洞无物。这物，通常是"自己"的思想感情。说通常，因为在少数情况下，作文也可以是代言。代言，有时是代一人。比如在旧社会，农村妇女几乎都是不识字的，有事需要写信，常常是由学塾老师代办。这信的内容与塾师无关，有些甚至是塾师认为不当的，这编组成文就不是自己的思想感情。但这仍然应该说是言之有物，因为其中有某妇女的意见和要求，如果无此文，收信人是不会知道的。代言，还有时候是代众人。比如，小的，为什么事用团体名义写个通知，大的，为什么事用行政单位名义写个通报，这也是作文，内容却不表示自己的思想感情。代言，也要内容充实，条理清楚，措辞得当，却不必也不当染上个人色彩。

我们一般说作文，说写作，很少是指代言，这从正面说是必须表达自己的思想感情。自己的，对面是别人的；或说一己的，对面是一般人的。这相对的两方面有关系问题，有高下对错问题，有如何处理的问题。为了减少头绪，突出重点，我们无妨略去感情不说，专说思想，这问题就成为：作文，要求言之有物，这物如果是"意见"或"看法"，而碰巧牵涉到"自己"和"别人"，"一己"和"一般"，我们要怎样对待？

自己和别人，问题比较小。"英雄所见略同"，当然有好处，可以证明对的可能性大。不同，也没什么了不得，亦各言其志而已矣。自然，如果这别人在这方面是专家，而且向来态度持平，你的看法与他距离远，甚至相反，下笔之前就要慎重考虑，因为很可能是肤浅或一偏之见，经不住推敲。不过无论如何，他的同样是一己之见，不同，无妨各行其是，只要经过周密思考，顾虑不必过多。又，人的见闻有限，作文，谈某事物或某问题，不能等待耳听八方之后再下笔，所以考虑别人的意见，事实上难得周遍。因此，关于写自己的思想，需要多注意的是"一己"和"一般"的关系以及如何处理的问题。

所谓一般，是多数人，甚至长时期，认为对，不当提出疑问的。这里面也是内容很杂，有性质、程度等等的差别。比如牛马是脊椎动物，千真万确，这是不容怀疑的一极端。可以由此向下移。比如《史记》是典范的历史著作，怀疑的人很少，但不见得没有，我们可以说这是较高的一般；苏东坡的词成就大，同意的人很多，但有些人不这样看，我们可以说这是较低的一般。对于某事物或某问题，关系远，兴趣低，我们常常没有意见；没有，不想说，自然更不必写。但对另一些事物或问题，我们就可能有意见。这意见，最大的可能是与一般一致，或大致相同，可以不可以写入作文？当然没有什么不可以，因为人人有思想言论的自由。不过，如果这一般是"牛马是脊椎动物"之类，那就还是不写为好，因为你有思想言论的自由，读者还有不看的自由。著文，较高的目的是述新知，解旧疑，使有疑的人不再疑。

疑，来源于有可能错。一般说，多数人的共同看法，对的可能性比较大。这可以用统计学的原理来证明，也就是谚语说的，"三个臭皮匠，凑个诸葛亮"。事实正是这样，一个人，思想片面是常见的；千百人，思想都片面是少有的。回顾历史，情况也是这样，无论人文科学或自然科学，时间放长一些，多数人首肯的意见通常是不错的。

但这只是通常，不是永远。有例外，较大的原因是难免所谓局限性。最明显的例证是时代的局限性。历史上有不少认识或主张，在当时成为多数人首肯的，如道德方面的愚忠愚孝、妇女守节等等，现在看起来，就是在当时也并不合理。还有风气的局限性，如明朝的文风重复古，多数人以为写文章应该模仿秦汉，至于为什么必须像秦汉才算好，一般人不过是随波逐流，人云亦云。不管是时代的局限还是风气的局限，总之是一般人首肯的未必就没有问题。较小的原因是有时（自然不多）会有个别的一己之见冲破局限性，而这类一己之见，经过长时间检验，证明却是可取的。历史上这类例证很不少，我国的，如范缜的《神灭论》，西方的，如达尔文的"进化论"，都是。

这样，作文，怎样处理一己和一般的关系，对应客观情况，原则就比较容易规定，是：尊重一般，不弃一己。应该尊重一般，理由已经说过，这里着重说说为什么要不弃一己。所谓一己之见，就它同一般的距离说，有两种情况。一种，对于某事物或某问题，经过思考，认为一般是对的，自己同意，严格说这也是一己之见。但这是一己与一般相同，没有互不相容的问题，可以不管。这里只说通常说的一己之见，是多数人不这样想，而自己却这样想的那种看法。

这样的一己之见，也可以甚至值得写成文章，理由之一是，它有对的可能。一己之见的对错问题更加复杂。一个重要的关键是具有一己之见的个人的学识如何，态度如何。学识丰富，态度持平，对的可能性就大，反之，对的可能性就小。还要看具体情况，同一个人，对两种事物都有一己之见，也可能对这种事物的看法是对的，对那种事物的看法却不然。学识和态度，不同的人可以很不同；不同事物的性质，广狭，深浅，属于何种专业，更是千变万化。总之，泛泛地说，所谓一己之见，有不少错的可能，但也不是没有对的可能。既然有对的可能，我们就没有理由阻止它写出来。

理由之二是前面说过的，作文要"言为心声"。不同于一般的一己之见，即使未必保险不错，但只要是自己思考之后确信的，就可以如实地写出来。不然，那就会成为人云亦云，还有什么价值呢？

理由之三是，对于某事物，有时候自己有新的想法，却拿不准究竟对不对，这也宜于写出来，算作对一般的看法提个疑问。提出质询，如果证明一般的看法不误，这是真理愈辨而愈明。

理由之四，这是旧话了，好的文章应该是"言志"的。还是五四以后不很远，文坛有过"言志"与"载道"的小争论，当时所谓载道是指韩文公那样的言不离圣道，言志的志则与圣道相左，是指一己之见和一己之情。在五四的带有文艺复兴精神的风气的影响之下，一般认为写文章应该言志，不当载道。其实，平心而论，这样极端对立的二分法，无论理论上还是实际上，都是扞格难通的。譬如说，道未必错，也自认为不错，而以信服的心情写它，有什么不可以呢？因此，有人就改用圆通的处理办法，是：言他人之志即是载道，载自己之道亦是言志。按照这种精神，执笔为文是应该写一己之见的。

这言志的主张也许偏激一些，不如改为较平实的说法，是：对待一己之见，总的精神应该是慎重思考，实事求是，认真负责。这表现在笔下是：

（1）形成一己之见之前，要多考虑一般意见的各个方面；（2）一己之见不当来自灵机一动，而必须要求言之成理；（3）有所信，不因为不同于一般就不如实写；（4）尤其重要的是不立异以为高，已经发现不妥而坚持己见，成为"爬也是黑豆"派。（西方讽刺故事：甲乙为地上一个黑点是什么争论，甲说是虫子，乙说是黑豆，正在相持不下，黑点爬了，甲说："你看怎样？"乙说："爬也是黑豆。"）

二
三

題
與
文

　　从这一节起谈"写"的表达方面，或者可以看作
这本小书的重点。作文一般是就题发挥，所以先谈题
与文的关系。题大致说有两类：（1）他人命题，自然
是题在文先；（2）自己命题，题可以在文先，也可以、
甚至常常在文后。

　　题在文先，即所谓命题作文，上学时期的练习几
乎都用这种形式。这样，他人命题，自己作，见题之
后的思和写要怎么样进行呢？首先当然是体会题意。
文题之意，古代有些是难于先知的，如枚乘《七发》、
柳宗元《三戒》，不看文就不能知道是哪七种、哪三种；
即使没有数目问题，如韩愈《进学解》、李翱《复性书》，
别人也难于知道究竟要怎样解、怎样复。到现代，这
种情形几乎没有了，绝大多数文题浅明确定，一看就
知道命题人的意之所向。自然，例外总会有的，如有

的人很不愿意平实，或者想引出文的新境界，于是在命题上求新奇。这有多种办法，如"侵晨""雨"之类是简约，"进与退之间""在发愤的道路上"之类是含蓄，"杜鹃归去的时候""月下的沉思"之类是粉饰，等等。遇见这样的题目，体会题意就会比较费思索。如果想知道的是命题人的确切用意，这就相当难。但它也有易的一面，因为意不确定，那就只要沾上边就不能算错。以"雨"为例，可以写一篇记叙文，记某一天下雨或遇雨的情况，也可以写一篇说明文，说明雨的成因以及与农业的关系等，只要写的是雨，命题人就没有理由说文不对题，事实常常是，命题人要求的正是这样的可此可彼的自由。

浅明确定的题就没有这样的自由吗？也不然。这自然要看是什么样的题目。有的题目明显地表示命题人的意愿，如"读书的益处"，作者的自由就小，因为不能说有害处。但也不是毫无自由，即使内容方面不容许有较多的出入，表达方面还是可以独出心裁的，譬如不写成一、二、三、四的条条，而写成先无知后有知的感受。较多的题目不表示或不明显地表示命题人的意愿，如只是"读书"，作者的自由就大多了。首先是内容方面。应该说，与读书有关的内容是无限的，选定哪一种，可以由两方面的条件来决定。一个条件是"兴趣"。与读书有关的事，有不少是自己的经历，也有些不直接属于自己，是自己的见闻，这些，一齐或大部分涌上心头，于是可以衡量一下，对哪一种最感兴趣就写哪一种。另一个条件是"见识"。所谓见识，是对于读书的某一个方面有独到之见，或说有值得别人参考的意见；独到，值得参考，写成文章才有分量，有用，所以就应该写这一种。兴趣和见识能够协调，就是既有兴趣又有见识，最好；万一不能协调，应该舍兴趣而取见识，因为没有见识的结果是内容空洞无物，那就是作了等于不作。

其次是表达方面，选择的自由也是很多的。同样的内容，可以写成不同的体裁，如抒情的散文或者说理的议论文。同样的体裁，如议论文，可以用不同的方式来论证，如先提出论点而后举论据，或者先举论据而后提出论点。此外，详略、正反、虚实等等也可以随心所欲，只要运用得当，都可以殊途而同归。

同一个题目，有选择内容的自由，有选择表达方式的自由，这是方便说；其实是内容离不开表达，表达离不开内容，审题之后，写的自由总是内容和表达混在一起的。以下混在一起谈谈审题之后、成文之前的运筹，也就是怎么样使文与题能够巧妙地配合。这情况千变万化，只能举一点点例，其余可以类推。

（一）常与变。常是顺着题意写，或者说，照一般人所预期的那样写。如题目是"我的老师"，成文，是记某一位老师的为人和自己的观感，是常；成文，不是写人，而是写看到蜜蜂为集体而忘我地劳动，受启发，决心向蜜蜂学习，丢掉自己的私利观念，是变。作文，有题，要扣紧题目写，所以通常是走常道。但也不是不可以变，变，只要意思好，与题在某方面能对应，也可以算是扣紧题目写。只是要记住，变必须是意思的需要，不可为变而变，立异以为高。

（二）大题小作与小题大作。科举时代作八股文，命题有大小，如"吾日三省吾身，为人谋而不忠乎？与朋友交而不信乎？传不习乎？"是大题，"吾身"是小题，八股文规格有定，字数大致有定，所以大题须小作，小题须大作，以期能够多而不臃肿，少而不单薄。这是逗慧心，慧心之下有自由。这种逗慧心的办法可以移用于现在，就是不管题目怎么样，我们可以依照自己的意愿，欲长则长，欲短则短，欲详则详，欲略则略，欲重此则重此，欲重彼则重彼。结果是，重大的题目，也许提纲挈领或轻轻点染就完篇了，而狭小的题目，也许推心置腹或面面俱到而成为大篇章。

（三）正题反作与反题正作。某一题目，依通例，应该表示正面的意见，题是正题，依通例作是正作；不依通例，而表示反面的意见，是反作。某一题目，依通例，应该表示反面的意见，题是反题，依通例作是反作；不依通例，而表示正面的意见，是正作。不依通例，是因为自己有不同于通例的意见，言为心声，所以正题反作、反题正作都是对的。这种写法，如果真是出于心声，就会给读者以既新奇又真挚的感觉。历史上这类文章也颇有一些，如元好问的《市隐斋记》是应人的请求写的，依通例应该说些颂扬市隐斋主人的话，可是偏偏不说，而相当露骨地说了些市隐乃假清高真鄙俗的讽刺话。这新奇是心声，不是故意玩花样，所以成为有深远意义的名文。

（四）就题写与就己写。这所谓"就"是偏于，因为任何文章都不会完全离开题或完全离开自己。就题写是常态，可以不说。所谓就己写是借他人酒杯浇自己块垒，或者触景生情，有千言万语必吐之而后快。古典的名文中这类的不少，如司马迁的《伯夷列传》就是典型的一篇。伯夷、叔齐弟兄事，历史传说很简单，可写的不多，太史公为什么要写他们呢？是想倾吐自己的一肚子愤懑。许多人，世风，与自己的清高刚正的理想相距太远，他看不过去，想矫世俗，可是心有余而力不足，只好把牢骚和眼泪都写在文章里。像这样的文章，表面是写伯夷、叔齐，而实际是写自己，所以千百年后还能引出读者的同情之泪。这就告诉我们，就己写的办法不只可以用，如果用得适当，还会有大成就。

（五）因相关而岔出。文是思路的痕迹、思路的文字化。对于同一个主题，不同的人思路必不同，同一个人，不同的时间，思路也可能很不同。思总是由甲及乙；可是，甲已定，乙究竟会是什么，那就很不一定。关联总是有的，但关联的线千头万绪，所以如何联都是可能的，合理的。例如同是风吹竹叶，甲可以想到吃竹笋，乙却想到故人来。因此，可能有这种情况，顺着思路写，大道多歧，越岔越远，甚至岔到像是与题无关，怎么办？一个办法是收回来，最后与题目照应一下，这是放风筝的形式，虽然飘出去很远，却有一条线牵着。也可以不收回来照应，这是射箭的形式，虽然不回来，总是由弓那里发出去的，仍然可以算作形离题而神不离题。

　　总之，同一个题目，写法可以千变万化；应该以兴趣和见识为准绳定取舍，而不为题目所拘。

　　以上是说他人命题。作文，还可以自己标题。自己标题，文无限，题也无限，很难具体说应该怎么办。大致说要注意这样几个原则：（1）要切合文意。内容是西瓜，标"东瓜"当然不对，标"瓜"也不恰当，一定要标"西瓜"。（2）要能明白显示文意，不劳读者猜测。就是说，过于晦涩迷离不好。（3）要能引人入胜，使读者看到题目就想知道内容。但要注意，不可浮夸、轻佻，使读者有不郑重的印象。（4）要典重，稍有含蓄。这是暗示读者文章内容有分量，值得仔细研读。（5）标题还要注意声音的和谐。这同题目长短有关系，一般说，过长过短都不好。还同音节数目甚至平仄有关系，如"长城游记"（2、2）比"八达岭游记"（3、2）好，"香山古寺"（平平仄仄）比"香山新亭"（平平平平）好。

　　自己写文，标题不是什么难事，但恰恰做到好处也并不容易。这要多向名作家（如鲁迅先生，标题花样就特别多）学习，并多体会、尝试，求渐渐能够神而明之。

二四　条理与提纲

文章，不管长短，都要有条理，理由用不着说。什么是条理？也是不追问还明白、一追问反而模糊的事物。这里最好先缩小范围，因为条理可以指序列，任何序列都是一种条理，乱七八糟的序列自然也不能不算是一种条理。范围缩小，我们就可以把条理限定为清晰的或说可取的一群。这之后自然还有问题，那是，要搞清楚什么是清晰的或可取的。

一种想法，是与客观事物的条理相合。比如记事，事是按时间先后的顺序排列的，依照这个顺序写，大到编年体的《资治通鉴》，小到某一个人的传记，甚至更小到一天的日记，都会显得条理清晰。又如介绍地理情况，东、西、南、北、中五方，从某一点起由此及彼，也是客观存在的，依照这类客观情况写，大到介绍全国的情况，如史书的《地理志》，小到一间房子的布置，也都会显得条理清晰。时间、空间之外，所有客观事物，包括心理状态，都有它本身的排列情况，虽然未必像时间、空间那样明显，我们写它，只要能够抓住它的排列情况，依样画葫芦，就会显得条理清晰。

这样说，条理是来自客观，对不对？也对也不对。对，因为如刚才所说，确是有如此如彼的情况。不对，理由比较复杂。（1）客观事物的条理，要通过主观，成为"思路"的条理，才能写到纸上，成为文章。（2）即使客观事物有明显的条理，思路也可以使它变，有时甚至最好有所变，然后写到纸上，成为文章。大家都熟悉的是记事作品中常用倒叙和插叙（故事片中最喜欢用的回忆也属于这一类），这条理显然不是来自客观事物，而是来自主观思路。（3）有不少事物，或说想写的内容，并不像时间、空间那样有明显的条理，可是写到纸上，也有条理，这条理自然是从思路来。因为有这种种情况，所以就作文的实践说，我们无妨说，思路的条理更直接，更重要，甚至说，所谓条理是指思路的条理；当然，同时也要记住，这思路的条理不是无源之水，是有客观事物的条理作为基础的。

思路，由此及彼，有规律。一个人无论怎样想入非非，总不能使野马跑到智力所不能及的地方。但是在智力所能及的范围之内，不同的人，经历不同，学识不同，甚至同一个人，片刻间的心情不同，同是思一种事物（此），由这个此一跳而及彼，彼的具体内容可以、甚至经常很不同。譬如说，甲是农民，由秋风想到收获，乙是诗人，由秋风想到"一年容易"；同一个人，此时由春雨想到"清明时节雨纷纷"，彼时由春雨想到"好雨知时节"：都是顺其自然，没有高下之分。这所谓没有高下之分，是就演变时的顺其自然说的。如果就其可以成为或作为文章的胚胎说，不同的思路是有高下之分的。举极端的例说，一种，可能忽此忽彼，像是常常断了联系，总起来又漫无边际，不成体系；一种，思路的各部分，演变得合情理，联系得很紧凑,总起来看是个整体。显然,照样写在纸上,前一种不成文理,因为思路没有条理;后一种成文理,因为思路有条理。

思路,作为文章的胚胎,怎样演变算有条理,怎样演变算没有条理,难于具体说,因为:(1)演变的情况是无限的;(2)有条理和没有条理,是对表达某种内容的要求说的,而内容的要求又是无限的。且放过这个问题不谈。其次还可以问,怎么样思就"能够"有条理?这也难于具体说;勉强说也是一句废话,是经常锻炼,仔细捉摸,逐渐减少错误和不妥,以期到相当的时候能够运用自如,有求必应。求的是条理,应的也是条理。这条理,概括说要满足两个条件:(1)依照这个条理写,能够把想表达的内容表达得清楚、确切、简约、完整;(2)依照这个条理写,读者能够毫不费力地了解作者的原意。

有条理的思路,写到纸上,成为文章,一方面满足了作者的要求,一方面满足了读者的要求,这样的条理总当是最好的或最理想的吧?可以说是,也可以说不是。说是,因为它满足了作文的要求:在人与人之间成功地传达了思想感情。说不是,因为:(1)表达同一种思想感情,理论上可用的条理很多很多,实际上可能形成的条理也不只一两种,譬如有甲、乙、丙、丁四种,甲和乙,内部安排不同,而传达思想感情的能力不相上下;甲和丙,或乙和丙,也是内部安排不同,可是就表达思想感情的能力说,甲和乙高,丙差一些;丁就更差,内部安排有显著的缺点,因而不能毫无遗憾地传达思想感情。写文章,用了某种条理,通常情况,这条理不会是丁,或假定不是丁,而是甲,或乙,或丙。是丙,当然不能说是最好的,因为它比甲、乙差;是甲或乙,也不能说是最好的,因为甲和乙是难兄难弟。(2)无论理论上还是实际上,一种条理,总可以百尺竿头,更进一步,就是说,总不会是顶天的,十全十美的。(3)思路,受构思者才力的限制,学力的限制,某特定时间的心情的限制，这样形成的条理，虽然不能不说是以理智为基础，却多多少少有碰运气的意味，一碰就碰上最好的，这种可能也是很少的。因此，作文，下笔之前思路的条理，我们要求的不必是完美无缺的，而是大体可用的。大体可用，它就还可以改进，或说还有待于改进。怎么改进？一种常用而有效的办法是先写提纲。

提纲可以有助于思路的条理，使之明晰，使之渐臻于完善。情况是这样。有文章要写，下笔之前，思路的明晰程度可以很不同。有时候只有主旨，譬如驳某人某篇文章的议论，主旨明确，至于用什么理由驳，模糊，论点和论据怎样安排，更模糊，都要等笔接触纸时的灵机一动。有时候，不只主旨明确，内容的要点也有大致的轮廓。还有时候，想得多而细致，连开头、结尾以及段落的安排都有了拟定的格局。三种之中哪种为好？不宜于抽象地回答，因为要看写文章的是什么人，写的是什么文章。譬如鲁迅先生写杂感，推想下笔之前的思路情况总是属于第一种，甚至写小说，如《阿Q正传》，情况也属于第一种。但这是鲁迅先生，至于一般人，要量力而行，不能勉强也照样来一下。这里谈作文，主要是就初学立论，那就无妨说，思路的三种情况之中，以最后一种想得多而细致的为好。想得多而细致，形成篇章结构的蓝图，或说腹稿，只装在头脑中也无不可；但总不如拿出来，使它固定在文字上，就是说，写成提纲。理由之一是定下来，可以避免模糊以至遗忘；之二，文字比头脑里的思路明晰，比较容易组成合用的体系；之三，写下来，放一放，可以用过些时候的思来审查，改进，以求更合用。

写提纲，可详可略，大致说可以分为两种。一种是"纲领式"的，只写内容的要点，以及文意的大致安排；或者只写内容的要点，连文意的安排，哪些先说，哪些后说，都留待动笔的时候相机处理。一种是"细目式"的，不只写明内容的要点，还写明表述此内容的篇章结构的具体安排，如由哪里说起，中间怎样转折、过渡、联系，最后怎样收束等等。就初学说，两种提纲之中，以细目式的为好。理由有很多，如：（1）可以锻炼思路，使之细密，也就是培养编写腹稿的本领，有了这种本领，在适当的时机，即使不写提纲也可以下笔成章；（2）写成文章，内容和表达都可以比较有把握；（3）动笔的时候不至于盲人走生路，不知道下一步该怎么迈，或者上句不接下句；（4）提纲细，构思时想到的一些精彩的意思、措词等也可以记下来，那就不至于有好兵器而作战时没有用上；等等。

写提纲，由时间的限制方面说可以分为两类。一类是刻不容缓，如课堂作文，限定两课时交卷，写提纲总不能用时间太多，也不容许反复修改。写这类提纲，要聚精会神，快中求细致。另一类，不是刻不容缓，至于时间可以放到多长，那就很不一定。譬如计划写一种专著，写提纲，时间甚至可以长到超过一年；短的，一两天或三五天。总之，只要不是刻不容缓，那就容许：（1）选择时间，原则是，头脑清醒的时候比已经精疲力尽的时候好；（2）修改，原则是，次数多比次数少好。一个人，不管思想多么细密，过些时候，再思，总可以发现不足的地方；何况初写与再思之间，还可能看到有关的文章，听到有关的议论，受到启发，那就更宜于修改，以求接近完善。至于修改什么，概括地说不过是两方面：一是量的增减，应说而没写上的，补，可以不说而写上的，删；二是次序的调整，即前后的移动。这样修改之后，下笔时是不是就可以完全照它呢？我的经验，可以完全照它，而经常是不完全照它，也就是在成文的过程中还要修改。为什么？因为文是思想感情的精粹化、条理化，在成文的过程中，原来思路的粗糙、不足、混杂等缺点必然要显露出来，有缺点，当然要改动，甚至大改动。这种情况，后面谈思路与字面的时候还要提到，这里不多说。

我们都知道，初学作文，不少人看见题目，苦于无话可说，或有些模糊的意思，不知从何说起。如果说这是一种病态，那治病的良药就是锻炼思路，使之有物并有条理。思路条理的形成，要靠多方面的条件；就作文说，写提纲是个很重要的条件，或说很有效的办法。其实又不只对于初学，就是非初学，先写提纲也可以避免缺漏、轻重失宜、次序混乱等缺点。总之，这是费力不多而确有实效的办法，凡是有志为文而没有这种习惯的人都应该试一试。

二五 按部就班与行云流水

作文，先写提纲，就行文时的步伐说是按部就班，因为是顺着既定的路径走。这有如沿着公路或铁路前往某地，路线已定，起身上路，不必再考虑如何取道的事，只要一站一站地前进就是了。

按部就班有好处。好处之一是可以减少失误。执笔为文，有的由于组织能力和表达能力还不够熟练，有时由于一时头脑不够清晰，勉为其难，挤压拼凑，最容易出现三方面的毛病：一是丢三落四，应该说的甚至原来想说的，写的时候却忘了。二是轻重失调，无关紧要的说了不少，应该着重声述的却蜻蜓点水般地放过去。三是次序混乱，因为无计划，想到什么写什么，自然难免头绪不清，缺乏推演贯通的逻辑性。如果下笔前写了提纲，思路上先有了明确的总规划，这类毛病就不会出现，或比较难于出现。好处之二是

120

动笔时容易。这最明显地表现在两个方面。一是可以少费心思，因为不必时时照顾全面（提纲中已定），写哪里把注意力放到哪里就可以了。二是半路放下不致影响全局。常动笔的人都有这样的经验，一篇文章，计划一气呵成而没有成，过些时候继续写，竟不记得上次暂停时究竟想再写些什么，不得已，只好任凭灵机一动，一时想到什么就抓来凑数。这有凑得合适的可能，但不合适的可能自然更多。如果写了提纲，这样的麻烦就不会有。

由此可见，提纲用处很大。但是不是非写提纲不可呢？或换个方式问，没有提纲就一定写不好吗？事实自然不是这样，因为有不少大作家的不少大作品，我们可以从多方面推断，写之前是没有提纲的。有，好，没有，也无不可，这要怎么解释？

稳妥的解释似乎是：写提纲是处处通；不写提纲不是处处通，只是部分通。这部分，具体说是两种情况，而且要合起来同时作为条件。

情况之一是关于能写的"人"的，就是说，不写提纲，作者的造诣要比较高，写作经验要比较丰富。古人形容文思敏捷，写得快，有"倚马可待"的话。传说祢衡写《鹦鹉赋》，王勃写《滕王阁序》，都是即席完成；即席完成，自然没有写提纲的余暇。近代、现代的作家，这种随想随写、一气呵成、恰到好处的情况也很不少。这敏捷而有条理的文思，轻快的表达能力，有如铁杵磨成的针，是长期艰苦练习的结果。没有这样的针，想行所无事地绣成美好的花朵，十之八九是会失败的，或者绣而不成，或者成而不美。这种情况的教训意义是什么呢？是一，不写提纲，不按部就班的做法，可以采用，但不能要求人人这样做。二，是人人有可能这样做，办法是较长时期地练习，包括锻炼文思，随手涂抹。

情况之二是关于所写的"文"的。文有各种，有各体。就应否写提纲说：（1）篇幅长短关系很大。一般说，写书，不能不先有提纲；写长文，比如五千字甚至万字以上，也是绝大多数要有提纲。篇幅短的，或者由于内容简单，或者由于内容不怎么需要有严密的组织，比如写个便条，记一天的日记，自然用不着写提纲。（2）文章体裁关系更大，虽然它与篇幅长短常常有关系。这里专就文体说，大致可以这样认识：a. 抒情性质的、随感性质的通常是不写提纲。所谓抒情的、随感的，内容相当杂，其中的大户是现在所谓"散文"，为某事，见某物，有所感，兴之所至，提笔就写，随机转折，兴尽而止，自然用不着写提纲。旧时代没有散文这种进口货，可以收入这个大杂货铺的文体非常多，如笔记、随笔、杂记、札记、游记、日记、题跋、小简以及诗话、词话等都是。这类文章一般篇幅不长，都是出于一时兴之所至，所以没有写提纲的必要。b. 日用性质的或说处理日常生活的文字，也总是不写提纲，如便条、留言、通知、备忘之类，一般是三言两语，可以一挥而就，自然用不着多此一举。

人的条件，文的条件，两者相比，后者似乎更有决定性。因此，情况经常是这样：（1）两种条件都具备，不写提纲；（2）两种条件都不具备，写提纲；（3）只具备人的条件，偏于写提纲；（4）只具备文的条件，偏于不写提纲。

不写提纲，行文的路程没有先定，提起笔来，笔锋所向，不是按部就班，而是随着思路临时的演变，联类而及，由此至彼，形态有如行云的飘荡，小溪的流动，可以称为"行云流水"。行云流水自然也有规律，如云不会逆着风向飘，水不能向高处流。但规律不明显，至少从表面看，它总是有任意驰骋的自由。没有凝结为提纲的思路正是这样，它总是有随机走入歧路的可能。情况大致是这样：由于某种机缘，感到有些情意要表达。这情意是确定的，比如态度是赞成，不论行文时思路怎样左冲右突，总不会转到不赞成。至于下笔前思路的状态，那就由很概括到相当细致之间，可以是其中的任何一种。这决定于作者的逻辑的概括能力和组织能力，也决定于作者一时对于腹稿要求明晰到什么程度。事实是接近概括的时候多，接近细致的时候少。有些大作家写随笔、杂感一类文章，到拿笔时，心里不过有些强烈而不明朗的情意，这样，笔锋着纸，迤逦前行，适可而止，到固定在纸上，成为如此如彼，常常非作者的始料所及。云要飘动，但飘到何处，自己拿不准，水要流动，但流到何处，自己拿不准，都要凭机缘。作文的行云流水正是这样，有了确定的情意，拿起笔，顺着思路的跳跃、转折向前走，如果有足够的功力，并且尽力而为，常常也能够妙协宫商，恰到好处。

这比起按部就班地走，难度自然大得多。想化难为易，要从三个方面努力。一是长期练习，多思多写，取得熟练的布局能力和表达能力。二是扣紧主旨，能够把主旨印在近乎提纲的思路轮廓里就更好。三是在行文的过程中要时时保持思路的条理，前行，变化，要万变不离其宗。三个方面之中，最重要的是长期练习，因为文心的微妙之处可意会不可言传，古人说，神而明之，存乎其人，神也罢，明也罢，都要从艰苦的练习中来。

行云流水，难，但有按部就班所没有的优点，这是：（1）灵活多变。因为是随着未曾先定的思路走，而思路，是常常会灵机一动的，只要这动不生硬，不乖违，它就会显得不呆板，不单调。（2）自然。因为笔所写是兴之所至，有兴则写，兴到哪里写哪里，兴尽而止，所以写成之后可以没有斧凿痕。（3）更容易表现个性，这就内容说是情意恳挚，就表达说是风格明显，这两方面都是上好文章的必备条件。（4）读者读了会感到更亲切。

由以上的分析可以知道，作文，先写提纲虽然有好处，我们却不可把这看作原则，一以贯之。因为：一，并不是所有文体都需要写提纲；二，不写提纲，用行云流水式的写法，常常可以取得更美好的收获。这是可取的一面。不幸还有另一面，是难。怎么办？我想，高明的读者一定都知道，合理的办法不是知难而退，而是知难而进。

二六 开头结尾及其间

写下这个题目，想起《世说新语》里一个故事，《任诞》篇记晋朝初年阮咸贫困，七月七日同族富人晒衣服，都是上好衣料的各种名贵服装，他也晒，是一件粗布下衣，人问他这是怎么回事，他说："未能免俗，聊复尔耳。"关于文章的开头结尾等等，我本来不想写，因为没有什么话好说。可是通常谈作文，似乎没有人略过这些不说，不得已，只好胡乱凑几句，算作未能免俗也好，算作附庸风雅也好。

且说作文，透过高雅的那层薄膜来看，同商贾待价而沽、演员待客而演没有什么两样：沽，希望多有顾客来，并且愿意买；演，希望多有看客来，并且愿意看。写文章，即使有了名作家的帽子，也照样希望多有读者读，并且读后表示深有感受。这种愿望怎么能实现？可以借变相广告的帮助，如知名人士的评介之类；但主要还要靠文章本身能够货真价实，并且有好包装。这货真价实和好包装就表现在文章的开头和结尾（题目自然关系也不小，为减少头绪，这里不谈），以及其间，或借用厨房烧鱼的习用语，中段。

中段要货真价实，但也要有好包装，或者说，有好包装就更好。把开头和结尾比喻为包装也许不很恰当，那就换个办法，比喻为饭馆站门的好招待员。所谓好招待员是：顾客空肚子经过门口的时候，有吸引力；顾客饱肚子离开门口的时候，有挽留力。文章也是这样，开头好，有吸引力，把读不读两可的读者吸引来，使之必读；结尾好，有挽留力，使读者读后还回味，久久不能忘怀。要怎么样才能有这样的力量呢？

先说开头，有吸引读者的作用，当然很重要。重要，所以要用心写，使之真有吸引力。这是要求方面，容易说。难说的是具体办法。文章，就题目说无限，就内容说无限，就格局说还是无限，我们自然不能开一个适合于所有篇目的写开头的万应方。因而只能概括地说说。可以先清除一些不必费心思的。如多种类型的应用文，就说其中的书札吧，第一句总要客气地称呼一下对方；你不这样写，收信的人会觉得奇怪。应用文以外，开头不必也不能玩花样的还有一些，如史书的传，开头总是"某某，某地人也"；记言体的文章，开头总是"子曰""如是我闻"之类。不过与这类不必费心思写开头的文章相比，需要在开头上运用巧思的文章，数量就大多了。数量大，只好细话粗说，以求以简驭繁，这要注意些什么呢？

也难说。不得已，先从反面说。也是一言难尽，只好略举几个例。（1）老调不好。所谓老调，是人云亦云，而放在这里又不怎么必要。为了防止万一会招惹是非，还是举旧时代为例，如不管是什么题目，开头总是来个"子曰"或"诗云"。（2）浮泛不好。所谓浮泛，是话大而远，同什么题目都能拉上关系，可是又拉不上密切关系。如我上学时期常用的"人生于世"

就是。（3）平庸不好。所谓平庸，是没有清新气，没有活泼气。如题目是"戒烟说"，开头写"夫吸烟，乃恶习也"。（4）硬凑不好。所谓硬凑，是没话想话，无亲攀亲。如旧时代有个嘲讽无文文人的笑话，说作"修二郎庙碑文"，开头写："夫为善莫大于修庙，而尤莫大于修二郎庙。"气势像是也雄厚，却明显地表现出黔驴技穷之态。此外，自然还有种种不合适的写法，可以类推。

再从正面说。可以原则式地规定：要求是一，写法是二。一是一项，即让读者看了感觉到，门面之内一定有好货。二是两类，即表示一定有好货的两种办法：一种是明说，一种是暗说。明说，简单，旧的，如韩愈《师说》："古之学者必有师。师者，所以传道授业解惑也。"归有光《项脊轩志》："项脊轩，旧南阁子也。"新的，都举鲁迅先生的作品为例，《从百草园到三味书屋》："我家的后面有一个很大的园，相传叫作百草园。"《阿长与〈山海经〉》："长妈妈，已经说过，是一个一向带领着我的女子，说得阔气一点，就是我的保姆。"明说，有好处，尤其是内容比较繁而深的议论文，先总括、明快地说一下，等于店门口招牌上写明"专售祖传狗皮膏药"，"只此一家，并无分号"，可以使读者，（1）对此内容有兴趣者不至错过机会，（2）无兴趣者不至耗费时间。

暗说，情况自然更是千变万化，以至于连举例也难定取舍。不得已，分作两类：一类是与内容沾边，一类是与内容不沾边。沾边，是多少能看出一点，店内大概卖的是哪一类（不是"哪一宗"）货，如：旧的，柳宗元《捕蛇者说》："永州之野产异蛇，黑质而白章；触草木，尽死；以啮人，无御之者。"姚鼐《登泰山记》："泰山之阳，汶水西流；其阴，济水东流。"新的，仍举鲁迅先生的，《狗·猫·鼠》："从去年起，仿佛听得有人说我是仇猫的。"《五猖会》："孩子们所盼望的，过年过节之外，大概要数迎神赛会的时候了。"沾边的开头，有如车技演员在台上表演，任意驰骋而并不冲到场外。不沾边的开头就不然，有如在野地骑马，几乎可以随意乱跑。随意乱跑，自然也有规律拘束着，如自己的意向、野地的范围等，但规律不显著，因而究竟会跑到哪里就实在难说。难说，就是看了开头的话，读者难于知道内容究竟要讲什么（假定不借助题目）。这类不沾边的写法，奇形怪状，这里只举几个例：旧的，《墨子·非攻上》："今有一人，入人园圃，窃其桃李，众闻则非之，上为政者得则罚之。"欧阳修《五代史伶官传序》："呜呼！盛衰之理，虽曰天命，岂非人事哉！"新的，仍举鲁迅先生的，《呐喊·自序》："我在年青时候曾经做过许多梦，后来大半忘却了，但自己也并不以为可惜。"《二十四孝图》："我总要上下四方寻求，得到一种最黑，最黑，最黑的咒文，先来诅咒一切反对白话，妨害白话者。"暗说的作用不像明说，告诉读者以下将是什么内容，但常常会有更大的吸引力量，因为它有点像侦探片的先晃一下疑难，欲知后事如何，你就非看下去不可。当然，想有这样的力量，那就要写得明快、新颖、灵活、含蓄，甚至沉重、惊险，总之要有吸引力。

再说结尾，也同开头一样，要求单纯，办法却万变。自然也只能概括地说说。先从反面说：（1）虎头蛇尾不好。所谓虎头蛇尾，是内容分量很重，结尾写得疲疲沓沓，或像是应该再说点什么却浮浮泛泛地住了笔。（2）是正相反，画蛇添足不好。最明显的例是叙述可悲情事，说了"连路人也流了泪"，还担心读者感受不深，于是加说一句："请想这是如何的悲惨啊！"（3）不是少说多说的问题，而是说得过于板滞，没有给读者留下一点回味的余地，如小时候作"勤学说"，结尾写"不勤学之害如彼，勤学之利如此，是故为人不可不勤学也"就是此类。此外自然还有（4）（5）（6）（7）等等，不能详说。

至于正面，怎样结尾才好，那要看是什么性质的文章。如果是内容繁而深的议论文，末尾总括一下全文的要点也无不可。这虽然近乎板滞，却是实事求是，能予读者以帮助。（有些文章，末尾点明写此文的原由，或加重说一下写此文的用意，也属于此类。）议论性的文章之外，结尾的要求却可以简单说，是"余韵不尽"。办法很多很多，甚至连归类也难，这里只举几个例。旧的，范仲淹《岳阳楼记》："噫！微斯人，吾谁与归？"归有光《项脊轩志》："庭有枇杷树，吾妻死之年所手植也，今已亭亭如盖矣。"新的，仍举鲁迅先生的，《从百草园到三味书屋》："他的父亲是开锡箔店的，听说现在自己已经做了店主，而且快要升到绅士的地位了。这东西早已没有了罢。"《阿长与〈山海经〉》："仁厚黑暗的地母呵，愿在你怀里永安她的魂灵！"专就这几个例说，余韵不尽的手法是相貌空灵而心有深情。空灵则读者有思索的余地，有深情则迫使读者不能不思索。此外自然还有其他种种手法，因为难于遍举，也就不说了。

少数喜欢寻根问柢的读者也许要问，怎么学呢？这只能用老生常谈答复，是读时多体会，写时多斟酌，慢慢培养自己的鼻子和手，终有一日，会神而明之，存乎其人。

以上烧的是头尾，还剩下中段没动手。我们当然要承认，无论包装多么好，最重要的终归是包装里面的货色。但这很容易概括说，是内容有价值，并能以清晰的布局、简练生动的语言表而出之。这意思，前面谈内容、谈表达、谈提纲等地方已经说过，也就不炒冷饭了。

写完，回头看看，开头结尾写了不少，"其间"则一滑而过。事实不容否认，也只好承认是虎头蛇尾了。

二七　思路与字面

　　前面在不同的地方谈到：作文是把流动于脑子里的意念，即所谓"思路"，用文字形式写到纸上的一种活动；这思路，下笔之"前"是"总括全篇"的，可以粗略，表现为模糊的影像，可以细致，表现为明朗的影像；细致的，可以大致保存在记忆里，也可以明确地固定在提纲里。这细致的思路，不管是否固定在提纲里，到下笔的时候，是不是"能够"原封不动地化为文字写到纸上呢？如果能够，是不是"应该"原封不动地化为文字写到纸上呢？这是问题之一。还有二，是下笔之"时"，思路在流动，手随着，把意念变为文字，写到纸上，这思路是"部分"的（自然要参照总括的），更明朗的，但也会有刚才提出来的那样的问题，即能不能、应该不应该原封不动地化为文字，写到纸上呢？这两个问题性质一样，都是思路与字面

130

的关系问题,两者接近到什么程度的问题。

问题不简单,因为情况复杂,有时甚至近于微妙。大致可以这样认识:总括的,两者有一致的可能,但经常不一致;部分的,两者常常一致,也会常常不一致;一致要有条件,不一致也会有好处。以下说说这样认识的理由。

先要提一下,这里所谓"一致",是用的常识的意义。例如我现在拿着笔拼凑所谓文章,看见窗外树上飞来一只喜鹊,随口说了一句:"树上飞来一只鸟。"又例如把这句话原样写在纸上,这所思和所写,就意义说一致吗?显然不一致,因为所思是"喜鹊",所写是"鸟"。读者大概要说:"你把鸟改为喜鹊不就一致了吗?"其实仍然不一致,因为所思的"树""飞""喜鹊"是具体的,到纸上,"树""飞""喜鹊"是抽象的概念,是符号,能表示所思的那个"树""飞""喜鹊",却不就是那个"树""飞""喜鹊"(由读者领会方面看更是这样)。这里谈思路与字面的关系,是为了说明作文,不是辨析知识的性质,当然不必钻这个牛角尖,所以可以满足于常识的意义,说所思的"树"和所写的"树"意义一致。

还要提一下,这里所谓思路是指清晰的思路,不清晰,写到纸上不成文理,那就是另一回事了;所谓字面是指通顺的文字,不通顺,写到纸上不成文理,也就不是这里想谈的问题了。这样,我们可以进而考察能不能一致的问题了。

古人有"文不加(添字)点(删字)"的说法,见汉末祢衡作《鹦鹉赋》的序。且不管这是不是吹牛;至少就理论说,把所思照样写下来,成为妙文的可能总是有的。但是显然,这要有条件,条件是思路清晰、细致到成为所谓"腹稿"。这容易吗?

应该说不容易。因为要在学识积累和写作经验方面有深厚的底子,又要碰巧是写某一并不复杂的内容，其时心绪还特别清澈。这样多方面的条件一时完全具备，机会不多；即使具备了，我们也要承认，所写比所思（如果有办法衡量）常常会妥善一些，或者经过修改，可以更妥善一些。这是不容易一致的一面。还有另一面，是要把一致看作理想、目标，心向往之，以求接近一致。怎么能够这样？办法是在锻炼思路方面多下功夫，即多思，多练，使它的流动踪迹接近于文。这样，提笔作文就成为，思路在脑子里迤逦前进，笔随着在纸上一行一行前进，到适当的地方，思路在这个题目（有时也可以没有成文的题目）上停住，笔随着写了结尾，文章完成。这是作文的纯熟境界，或说思路的完美境界，虽然难，我们总当知道有此一境，只要努力，并非绝对不能达到。

自然，理想终归是理想，我们总不能忘记现实。现实是所写和所思经常不能一致，或不当完全一致。我的经验，除了写便条、日记等篇幅短、组织不要求肢体俱全的文字以外，只要勉强可以称之为"文"，所写总不能与所思完全一致，有时甚至差得很多，连自己也感到非始料所及。这是说总括的。部分的，偏离的情况不像总括的那样厉害，但是，对所思而言，到实际去写，有时要有所增，或有所减，有时要换个说法，以求语畅达而意确切，总之是没有原样化为文字，写在纸上。

所写不能与所思完全一致，有原因。这主要是三种。

（1）人的心理活动永远不会静止，因而思路不能不随着时间变。有时变得少，如旧时代文人写诗，初稿写成，过后总要改动一些字。有时变得多，如有的思想家的大著，再版的一些说法，竟至与初版打架。这是因为时间先后不同，认识有变化。作文，对于如何立意措辞，下笔之前有个思路；到提起笔写，带着笔往前走的不再是下笔之前那个思路，而是此时的思路。两个思路可能很接近，但难于尽同。思路不能尽同，所以字面不能与前一个思路一致。

（2）思路与字面相比，总是思路粗得多，字面细得多。思路，就下笔之前那个总括的说，即使已经明朗甚至固定为提纲，总不会细致到成为腹稿。这粗略的变为纸上的文，纲就必须带出目，干就必须加上枝叶，这且不说；重要的是在粗变细的过程之中，常常会发现，有些意思应该说而原来没想到，有些意思原来想那样说而现在觉得不如这样说，还有些意思，原想先说甲后说乙，现在觉得不如先说乙后说甲，等等。总之是不能不变，变就不能一致。下笔之时的部分思路，同写的时间距离近，但常常也会偏离，这在上面已经提到，不再说。

（3）思路是设想，其中不免或多或少地搀杂些想象的成分，到过渡到纸上，成为可读之文，有些不切实际的想象成分就必须放弃，或脱胎换骨。要放弃，要变换，是因为：a. 意念在思路中是比较模糊的，化为文字，模糊的变为明朗确定，原来不妥当的成分就容易显露，被察觉；b. 思路变为文字，前后的连贯，部分和部分间的照应，如果有欠缺、不妥，就容易显露，被察觉。这样察觉了，当然要改，因而就不能一致。

这类改动，我们说是字面发挥对思路的审核作用，可以。但字面是笔随着思路的流动写到纸上的，所以溯本求源，应该说靠后的思路对靠前的思路发挥审核作用。审核，合用的，通过；不合用的，不能通过，因而要改，也就是不得不安于不一致。

对于这种情况，我们要如何对待呢？很明显，如果靠前的思路能够天衣无缝，不劳靠后的思路审核，或者经过审核，证明确是天衣无缝，那就至少有两种好处。一种是，作文就可以思路前行，笔下紧跟，一挥而就，文不加点，就是说，可以少费周折，速度快；一种是，行云流水的风格可以表现得更明显，也就是能够造诣更高。因为有这样的优点，所以前面说，这是作文的纯熟境界，思路的完美境界，我们应该虽不能至而心向往之。能的基础是锻炼思路，这自然不能要求一蹴而就；但是为了趋往，接近，也不可放松努力。这是一面。

还有另一面，是要在眼望天际的同时，不忘脚踏实地，就是说，要安于不一致，尽力用靠后的思路校正靠前的思路。这种校正的努力很有好处，举其大者如：a. 正在写的文章可以渐近于妥善，也就是满足作文的眼前的要求；b. 可以积累经验，使未来的作文、靠前的思路渐近于妥善，也就是满足作文的高远的要求。这样眼望天际，脚踏实地，稳扎稳打，终有一日，笔锋会以行云流水的步伐，走到文不加点的境界吧？或者谦退一些，只求能够逐渐接近也好。

二八　藕断丝连

　　前面多次谈到思路，因为作文是把思路化为文字，定在纸面上的一种活动。思路流动，要变，由此及彼，这就会产生两个问题：（1）"此"是现在想的，已定，要过渡到哪一个尚未出现的"彼"才合适呢？（2）此和彼之间，要保持怎样的关系才合适呢？前一个问题难于明确地解答，因为思路的变动是受各种条件约束的，不同的人有不同的条件，同一个人异时也有不同的条件，所以同一个此可以过渡到不同的彼。例如甲乙二人都因为听到某女演员的名字而想到她，这是"此"相同；可是"彼"呢？甲想到的是她演的某剧中人过于夸张，多有失实之处，因为甲看过这场戏，并对剧中人的性格、生活等有自己的看法，乙想到的却是她刚从外地演出回来，因为他们很熟识。同是由此及彼，此同彼不同，这里没有对错、高下之分，因为都是顺应自己的条件。这样，对于前一个问题，我们只能说，凡是思的方面有可能连上的，都应该算作合适，至少是可以接受的。剩下后一个问题，是靠前的此和靠后的彼应该保持怎样的关系，说具体些是此和彼要怎样断（此变为彼），怎样连（变要合情合理）。

问题还是太大，应该化小；或太概括，应该化为具体。化的办法是：（1）把思路限制在就某题目而作文的范围之内。这就像是规定在体育场里跑步，无论你怎样乱闯，总不能跑到场外。（2）讲思路的连和断，都限制在化为文字，写到纸上以后。这样，思路的形音义都表现在纸面上，连和断的情况就比较容易看清楚，因而也许能够讲出一些道道来。

这连和断的问题是多年前早已想到的。来源于"读"。读有些文章（指一般散体文章），自然是所谓名作，语句扣紧主题，迤逦而下，像是穿得整齐的串珠，珠与珠连得紧凑，断得利落，几乎是读了上句，预想会来的下句跃然而出。相反，读有些文章，自然是不成熟的，就没有这种感觉，而是当断不断，当连不连，读到一处，不知道该不该停止，暂停止，下边忽然来一句，又不知道从何而来。两类文章，造诣不同，这容易说；追根问柢，这不同究竟是怎么回事？我想，这大概是思路不清表现在语言方面，或思路和表达能力都有缺欠。我们都知道，思路和语言有千丝万缕的关系，因而想改善、提高，就要在思路和语言方面兼程并进。目标是什么？简单而形象地说是"藕断丝连"。藕，切断，比喻是文章的句和段，要断得整齐、利落；丝，恰好谐音，是思，即思路，要连得紧密、自然。这个意思，想写一篇文章谈一谈，一直没有动笔。原因是：（1）有关思路的事，不容易说明白。（2）举例吧，正面的例俯拾即是，但离开体会，并不容易说明问题。（3）反面的例，除了（2）项理由之外，还要加上容易惹人不愉快。（4）说到底，还是积土成山的问题，最有效的办法是在读、思、写方面努力，慢慢摸索，画饼不能充饥。总之是想得很多而未能实行。现在谈关于作文的一些问题，藕断丝连的想法躲不过了，所以只好硬着头皮把这既质实又难于抓住的事物尽力之所及梳理一下。

先看下面的例：

（1）第二天，他就在一个会场上被捕了，衣袋里还藏着我那印书的合同，听说官厅因此正在找寻我。印书的合同，是明明白白的，但我不愿意到那些不明不白的地方去辩解。记得《说岳全传》里讲过一个高僧，当追捕的差役刚到寺门之前，他就"坐化"了，还留下什么"何立从东来，我向西方走"的偈子。这是奴隶所幻想的脱离苦海的唯一的好方法，"剑侠"盼不到，最自在的唯此而已。我不是高僧，没有涅槃的自由，却还有生之留恋，我于是就逃走。（鲁迅《为了忘却的纪念》）

（2）我正上体育课，锻炼身体，人人说很重要。老师迟到了。同桌小王喜欢上课说话，别的人一齐嚷嚷。这算上的什么课！下周该考算术了，考几门课，题太多，算术题也许不容易。老师终于来了。

（1）是正面的例，内容的深刻、沉痛，文气的奔放、流利，谁读了都会体会到，用不着说。这里只说说语句的断和连。断是文中点句号的地方。句号以上的一组话，无论由意义方面体会还是由语句方面吟味，都是个整体；整体以内，处处结合得紧密，整体以外，也就是对于上下句，则有情谊而不是一家。这能断是表示思路的清晰，既能驻，又能跳。再说连，思路流动，由此及彼，有如祖父生儿子，儿子生孙子，儿子是祖父所生，孙子是儿子所生，虽然不免于变异，却总是具有承嗣关系。这承嗣关系，有时比较明显，如"听说官厅因此正在找寻我"和"印书的合同"间，句号之前重点说柔石被捕（一个藕段），句号之后重点说自己不想顺受（另一个藕段），中间由"印书的合同"连系着，这根丝很明显。承嗣关系有时不那么明显，如"不愿意到那些不明不白的地方去辩解"和"记得《说岳全传》里讲过一个高僧"，骤然一看像是没有关系（断了丝），及至往下读，到"我不是高僧……于是就逃走"，才知道这根丝还是紧紧地连系着，像是大跳而实际跳得并不远。丝连还有一组语句之内（逗号之上和之下）的，如"是明明白白的"和"但我不愿意到那些不明不白的地方去辩解"，意转而丝连得非常紧。这像是散步随意走上岔路，貌似偶然而内有必然，文章的行云流水、涉笔成趣多是从这种写法来。这能连是表示思路的贯通，以文题为缰勒，随意驰骋。（2）是反面的例，与（1）对比就可以知道，是当断而不知道如何断，这表示思路不能清晰；当连而常常脱节，这表示思路不能贯通。

以上解释举例，断和连分开说。其实，断和连是同一事物的两面，不能断就用不着连，不能连就用不着断。以下为了方便，还是分开说。

先说断。断有级别。为了减少头绪，我们可以把用句号（或大致相当于句号的叹号、问号等）截住的一部分看作基本单位。这样，由句号截住的一些语句是个小的"意组"。若干小的意组可以组成较大的意组，表现为文章中的"段"。若干较大的意组还可以组成更大的意组，表现为有些内容较复杂的文章分为（一）（二）（三）（四）几部分。句与句之间由细丝连着，因为共同阐明主题的某一部分内容，意思关系近，细丝足够用，割鸡不必用牛刀。这情况，开卷就可以看到，用不着举例。（有人句号用得多，有人逗号用得多，这决定于对于意组大小的理解不同，这里不谈。）至于段与段之间的粗丝连系，概括说容易，是：上段末句阐明的是"这"一部分内容，下段首句阐明的是"那"一部分内容；可是对文章总的主题说，阐明的又是同一个内容。有同有异，所以要用粗丝连着。怎么样算用粗丝连？举南宋姜夔一首有名的咏蟋蟀的《齐天乐》词为例：

> 庾郎先自吟愁赋，凄凄更闻私语。露湿铜铺，苔侵石井，都是曾听伊处。哀音似诉，正思妇无眠，起寻机杼。曲曲屏山，夜凉独自甚情绪？　　西窗又吹暗雨，为谁频断续……

词分上下两片，相当于文章的两段。下片起始名为换头。"西窗又吹暗雨"这个换头很有名，因为它能够明离暗合。用粗丝连就是明离暗合。自然，这是原则，至于具体怎么离合才好，那就要靠读名作时多体会。段之上如果有更大的几部分，道理相同，可以类推。

再说连。思路围绕一个主题，由此及彼，意思前后相生，是连。此和彼之间，不能满足于只有"可然"的关系，应该要求有"应然"的关系。例如由"竹子"想到"沙漠"（无竹）是可然的，由"竹子"想到"江南"是应然的。可然，读者会感到生硬甚至离奇；应然，读者会感到顺理成章，恰如所愿。

思路的连，可紧可松。紧密的连系常常表现在语句的"接力"上，这可以举白居易《长恨歌》中的几句为例：

> 君臣相顾尽沾衣，东望都门信马归。归来池苑皆依旧，太液芙蓉未央柳。芙蓉如面柳如眉，对此如何不泪垂？

上面所举鲁迅先生的文章是串珠式的连；这里是连环式的连，"归"套着"归"，"柳"套着"柳"。写文章，句句要求连环式的连，难，也不必要；

但如果情况恰好合适，偶一为之，就会给读者一种思绪汹涌、鱼贯而出的印象，就修辞的效果说是可取的。

思路联系的松有各种情况。有的"人"，如去世不很久的一位著名语言学家，写文章，思路常常不是由甲跳到乙，而是跳到丙，甚至丁。读他的文章，即使是门内汉，也常常要多费些思索，寻求一下跳过的桥究竟是什么。这或者是因为，他思路敏捷，实际就是这样跳的；不过由传达效果方面看，总是不这样像是断了丝才好。有的"文"也有思路连系松的情况，如古代子书，经常是前半讲道理，后半变为讲史实，讲故事。这后半虽然是例证性质，由语句方面看却像是断了丝。此外，我们读文章，写文章，都会碰到思路忽然有异常变化的情形。譬如正写到"我总是举双手赞成"，下面忽然来一句"自然，我有时也会反对"，自己打自己的嘴巴，怎么回事？这是因为思路有时真就这样跳，笔为思路服务，也就只好这样写。但又觉得近于离奇，怎么办？办法是用个破折号"——"隔开，表示跳得太远，像是断了丝，其实是照思路陈述，不得不如此。

两部分连系松，愿意化松为紧，以显示思路的贯通，还有"架桥"的办法。举苏东坡的一篇随笔《游沙湖》为例：

（前部）（余）疾愈，与之（代名医庞安常）同游清泉寺。寺在蕲水郭门外二里许，有王逸少洗笔泉，水极甘，下临兰溪。

（桥）溪水西流，

（后部）余作歌云："山下兰芽短浸溪，松间沙路净无泥。萧萧暮雨子规啼。　谁道人生无再少？君看流水尚能西。休将白发唱黄鸡。"

游寺和作《浣溪沙》词连系很松，中间有"溪水西流"为桥，松的忽然变为很紧了。自然，苏东坡不是先写了前后两部分，然后架桥的。不过我们写文章，有时却有这样的经验，前后两部分意思都要得，只是像是连不上，那就可以用架桥的办法，使像是断了丝的成为紧紧连系着。

由以上所说可以知道，藕断丝连是行文的一种境界。说它高，可以，因为这是理想的，古往今来无数大作家的无数大作品，意思清通，语句整洁流利如贯珠，所达到的不过是这个境界。但说它平常也未尝不可，因为如果不能这样，那就成为意思和语句都不清楚，说严重些就不成为文章了。

最后说说要怎样学。这主要是在读中体会，在写中摸索，日积月累，由生而熟，由心慕手追而运用自如。总的原则是多知不如多熟。我的经验，读时的体会是基本，更重要。读，当然指读上好的，这用不着说。上好的文章同样是作者思路的写照，表达习惯的写照。思路前行，有时直，有时曲，都有心理的必然；某种意思，用什么样的语句写到纸上，都有表达的必要。这必然和必要，自然人人不能尽同，但因为是必然和必要，它就不能不小异而大同。这大同，比喻是一条近而平坦的路，所谓读时体会，是心用思索从路上走，口用声音从路上走。多走，成为习惯，自然会知道怎样前进合适，怎样前进不合适。《聊斋志异》里有凭嗅觉辨别文章好坏的故事，那是异，可以不在话下。但我认为，凭听觉辨别是不是藕断丝连的可能还是有的，这就是，有的写法，念，一听就顺溜，或相反，一听就别扭。这能力也要从多读中来。这有如听唱歌，熟了，自己能够随着哼哼，别人唱错了，也很容易指出来。读的同时，当然还要写。写要思路清晰，这在前面已经说过。这里着重说说：（1）写时思路要连贯，不可跳得太远，断了丝。（2）要注意句子的构造以及前后的照应，不要应当关联的合不拢，应当断住的拆不开（这牵涉到语法问题，不能多谈）。（3）写后读读，用走前人路的习惯衡量一下，如果有生硬拖沓的地方，改。（4）也要安于未能尽善。历史上许多大作家，由严格的文学批评的眼光看来，都难免大醇小疵。藕尽断、丝尽连是个目标，完全达到、时时达到恐怕不容易；不过知道有此目标并力求接近它，总比不知、安于丝断而藕连好得多吧？

二九 顺口和悦耳

上一节《藕断丝连》中说到："有的写法，念，一听就顺溜，或相反，一听就别扭。"那主要是从思路方面说的。同样的思路，可以表现为不同的语句；不同的语句，由念和听时顺不顺这个角度看，价值有相等的可能，也有很不相等的可能。很不相等的情况是：同样的意思，这样写，顺溜；那样写，别扭。这顺溜和别扭，主要是表达方面的问题。作文，遣词造句，当然要尽力求顺溜，避免别扭。念着、听着顺溜，不别扭，是表达方面的一个境界，能否达到或接近此境界，尺度是念和听时的感受，就是通常说的"顺口"（从念的方面说）和"悦耳"（从听的方面说）。

这里把顺口和悦耳看作一回事，还需要给"顺口"加上一点点限制。记得多年以前，一个弟弟行辈的同乡考官费学校，作文题目是"我的家乡"，交卷后同我说，他作得很得意。我问他怎么写的，他说开头是："我的家乡，住在一个村庄，虽然没有良田千顷，却也不少斗米斗粮。……"念了一段，问我的意见，我说："这种通篇凑韵顺口溜的写法，评卷的人也许未必欣赏。"后来出榜，果然名落孙山。这位同乡所以这样写，是因为很少读书，即俗话所说肚子里没有墨水，而又想出奇制胜。照常例应该散行的文章用韵确是奇，可惜他不知道这顺口溜的奇给人的印象是不典重，不雅驯。言归正传，本篇所谓顺口，是指读时轻快流利，不磕磕绊绊，而不是顺口溜。这样，顺口和悦耳就可以看作一回事了。

轻快流利好，或说顺口、悦耳好，这是不是不需要证明的自明之理呢？自然不是。相反的主张或作风也很有一些。（1）有时候故意生涩一下，以表现沉郁的意境，或者使轻快流利的步伐略有变化，如韩愈《送董邵南序》的"燕赵古称多感慨悲歌之士"属于前者，张岱《西湖七月半》的"亦看月而欲人看其看月者，看之"属于后者。这类歪打正着的写法是有所为而发，要另眼看待。（2）有意地通篇生涩，以难读难解显奇警的也有，如唐朝的樊宗师，所作《绛守居园池记》，甚至连断句也很难。幸而这样的人很少，可以不多计较。（3）以生涩为高，文学史上还可以成为流派，如明朝晚期的竟陵派，他们的所求正是念着、听着都别扭。办法是文笔不走熟路，如偏偏把名词用作动词，习惯的语句次序甲乙丙，偏偏说成乙甲丙或丙乙甲。刘侗、于奕正《帝京景物略》是这派的典型作品，有北京古籍出版社新印本，如果想尝尝别扭的滋味，可以找来看看。（4）现代的，像竟陵派那样故意求别扭的大概没有了，可是设想"文"应该是文，应该写得端重曲折，比喻说，像演员演出那样，涂脂抹粉，扭扭捏捏的，或直说是文绉绉，不像"话"的，还是随处可见。设想，程度有深浅之分。深的，背后可能有系统的理论为后盾，这就成为顺口和悦耳的反对派，或者以为顺口和悦耳应该指另一种内容；浅的，因为耳濡目染大多是这个调调，于是以为，既然写在纸上成为文，就应该是这个调调。不管是深的还是浅的，在对顺口和悦耳的态度方面都可以算作一派。本节所说是推崇顺口和悦耳的，道不同，安于不相为谋不是辨明是非的办法。如何辨明，留到下面说。（5）也是现代的，我的经验，是少数人，知道轻快流利、鲜明如话是个好文风，可是拿起笔，笔偏偏不听话，左修右饰，写出来还是那个沉闷冗长、磕磕绊绊的调调，也就是不能顺口和悦耳。

以上所举五种并不都是顺口和悦耳的反对派。第（5）种不用说，只是望道而未之见。就是第（3）种，他们大概也会说，照他们那样写，顺口或者谈不上，但他们听来却是悦耳的。第（4）种呢，也总不至于公然认为顺口和悦耳不好吧？所以，平心而论，他们的看法大致是：（1）模糊一些的，下笔成文，顺口、悦耳与否无所谓，也就是没有认真考虑过这个问题；或者（2）清晰一些的，认为文诌诌，不像话，同样可以顺口和悦耳。这样，争论就由应否顺口和悦耳转移到，怎么样的语句才能顺口和悦耳。说得明显一些是：是文诌诌的风格顺口、悦耳呢，还是像话的风格顺口、悦耳呢？

我个人是推重像话的文风的，至于理由，前面《辞达而已矣》和《言文距离》两节里已经谈了不少，不必重复。这里从反面说一点意思，算作补充。（1）顺口的"口"，悦耳的"耳"，显然是就"话"说的，因而可以说，"顺"和"悦"是话的天下，你想要顺和悦，就不能不向话靠拢。只举一个例，两个人都住在临街的房子里，有人问他们："你们的住处安静吗？"甲答："濒临大街，怎么安静！"乙答："紧靠着大街，怎么安静！""濒临"是文诌诌，不像话，不管别人感觉如何，我总觉得不如"紧靠着"顺口、悦耳。（2）文，流行的是长句子多，这就难于轻快流利，也就不容易顺口和悦耳。（3）文，话里罕用的句式多，这也容易使读者感到生硬别扭。

其实,五四以后,写文要像话的主张,至少从理论上说,应该是大家都首肯的。问题在于实行。不能行有多种原因,前面《言文距离》一节已经谈过。这里只说一点点,是事实是文经常不能甚至不愿意跟着话走。这有如淘气的孩子随着大人逛公园,总是离开大路,向这边去看花,向那边去爬树。这也难怪,因为两旁总会有引诱之物。引诱文离开话的力量很有一些,就近几十年说,比较强大的有理论文字,有译文和准译文,都句子长,揉合外国味,格调沉重而板滞。这样的文章量很多,力量很大,一般执笔为文的人自然照猫画虎,总之是积习难改。有人也许会引西方某哲学家的怪论为理由,说凡是已然的都是应然的,就是说,文离开话是势所必然,也不坏。我却有个相反的想法,或说希望,是文向话靠拢并非不可能,并非不好。就说长句子吧,先秦诸子写理论文字,句子并不长;严复译了许多西方名著,句子也不长。自然,我也承认,言文重合,就某些内容说,相当难,也不必要。这里大事化小,我只想说明一点:写成文章,不管是谁念谁听,顺口和悦耳都是个应该寤寐以求的境界,而达到此境界的最重要的方法是向话靠拢,重合做不到,接近也好。

向话靠拢是个原则;办法难免还有超出原则的。以下说办法,也就是作文,求顺口和悦耳,在表达方面应该注意些什么。

(一)尽量少用多见于书面、少见甚至不见于口语的词句(包括译文式的)。理由用不着说,因为念着、听着都生僻,就既不顺口,又不悦耳。但这里需要略加解释,就是这个要求有时候要容许例外。这主要指两种情况:(1)表达某种非常识的内容,如新而深的科学知识,口语无能为力,那就不能不容许例外。(2)有时候,书面语里出现一些不见于口语的表达方式,有概括、严密、细致等优点,就语言应求丰富说,这是口语应该吸收的,当然也要容许例外。

146

附带谈一个与此有关的问题，就是可以不可以搀用文言成分。这个问题很复杂，常常要因人或因场合而异。原则是可以入话的，入文也不妨碍顺口和悦耳。可是话，因人而不同，因场合而不同，比如交谈的是两位很熟悉古典的人，话里就难免出现"不亦乐乎""未之有也"之类，如果交谈的是两位青少年就不会这样。那么，如果执笔的是这两位熟悉古典的人，是不是可以把"不亦乐乎""未之有也"照说时那样写到文里呢？机械地规定是难的。我的意见，原则可以看人下菜碟：如果读者是一般人，那就一般人看来、听来不很生僻的文言词语可以放进去，过于生僻的最好不用。有的人希望白话能够统一天下，甚至主张成语（文气太重或典故性的）也最好不用，这恐怕未必合适——自然也办不到，因为成语已经成为现代语词汇的一部分，在话中扎了根。这里无妨用一句像是相当模棱的话总括一下，算作结论，是：凡是放在话里不生硬，念着、听着也协调的文言成分，写在文里也未尝不可。

（二）尽量多用短句，少用长句。短句多是话的特点。流行的文恰好相反，多有拉不断扯不断的长句。长句多，念着、听着沉闷，不干净利落，因而不能顺口和悦耳。习惯用长句写，改为用短句，不很容易。办法是学"话"；更重要的是改变认识，知道像话比不像话好。

（三）尽量求句式多变化，避免千篇一律。句式，由不同的角度可以分为不同的若干类，一类句式（尤其冗长的）连续用，如常见的"这提出了……问题，阐明了……主张，揭示了……内幕，批判了……观点，开创了……一页"，念着、听着都板滞沉闷，不能顺口、悦耳。

（四）间或注意一点声律。这在古典作品中是常见的，诗词且不说，只说散文，如"山高（平声）月小（仄声）"是当句先平后仄（两个音节是一个单位，以后一个为主），"西望夏口（仄声），东望武昌（平声）"是两句末尾先仄后平。这样声音的对称变化可以产生顺口、悦耳的效果，能不能移用于现代语呢？我想是可以的，比如不久前看电视，一位女解说员介绍元宵节灯会的热闹，其中有"人欢年丰（平平平平）"的说法，这换成"人乐年丰（平仄平平）"不是好听得多吗？声律的讲究自然不只是平仄对称，这里不能多说。有人也许会说，用现代语写文章，讲究声律，要求也许太奢了吧？其实不是这样。现代语同样离不开声音，那就一切有关声律的规律，即声音怎样安排就好听，怎样安排就不好听，应该同样适用。自然，这很琐细，甚至近于微妙，知，不很容易，行所无事就更难。不过，知道有这么回事，由注意体会而用力实行，渐渐趋向于运用自如还是可能的。如果能这样，则文章的表达方面可以更上一层，这等于锦上添了花，不是很好吗？

（五）写完，自己念念，听听，有不顺口、不悦耳的地方，改。

三〇 采花成蜜

　　上一节末尾说到声律，要求锦上添花。写完，自己想想，这本小书本意是为初学说法，思路却跑了野马，闯入平平仄仄平，即使还不够胡来，也总是好高骛远吧？似乎应该赶紧打住。继而一想，既然已经高了，远了，也无妨一不做，二不休，再高一些，再远一些，碰碰"风格"问题。这样再岔下去，也有个理由，就是：常拿笔，随手涂抹，所得渐多，所行渐远，你总会胃口更大，欲望更奢，这就不能不碰到风格问题，说得更明显一些，是愿意自己的文章有自己的味儿。

　　古往今来的大作家，文章几乎都有自己的味儿，即所谓独特的风格。远的如庄子和荀子，前者飘逸，后者严谨；中的如曾巩和苏轼，前者总是板着面孔，后者总是说说笑笑；近的如鲁迅先生和朱自清，前者如从昆仑山上向下放水，后者如在细而柔的绫子上绣花。大作家之所以成为大作家,除了所写的内容有高价值以外,就是因为文章有自己的风格。或者说得委婉一些,一切大作家,文章都会有自己的风格。两个作家,风格可以差得很多,如刚才举的那几位;也可以差得不很多,如欧阳修和司马光。同是风格,还有近于常格和远于常格之别。这或者不能说是哪种高一些,哪种低一些。不过远于常格的,一般说总是造诣比较高的,更值得注意的,古代的如《庄子》,近代的如鲁迅先生著作,勤于读书的读者不必看署名,就可以嗅出这是《庄子》,这是鲁迅先生所写。文章写到人家能够嗅出特殊的味道,这才够得上高,说得上妙。

风格是什么? 简单说是:人的资质或个性,学识或见识,表达能力和表达习惯,拿笔时的心境,几种加起来,在字面上的反映。资质或个性,即信什么,喜欢什么,人不能尽同,或有大差别,如庄子和荀子,我们虽然没有见过,但可以推想,前者玩世不恭,有风趣,后者必是道貌岸然。这不同的个性不能不表现在文章上。学识或见识,表达能力和表达习惯,自然更要表现在文章上。写时的心境也有关系,如李后主,资质、学识等是有定的,可是写词,前后期的风格迥然不同,那是因为,前期是做小朝廷的皇帝,纸醉金迷,后期则是以泪洗面了。几种成分,人与人都不能尽同,加起来成为总和,差别自然就更大;表现到文章上就会成为不同的风格。不过能不能形成风格,至少从成品检查方面看,那主要是看表达能力和表达习惯能不能高到某种程度;不够高,甚至还不能通顺,自然谈不到风格。因此,谈风格,从功利主义的角度着眼,我们应该特别注意的是表达能力和表达习惯。

风格有多种。文学史上,分得清晰细致并为大家所熟悉的是晚唐司空图的"二十四诗品",这二十四种是:雄浑,冲淡,纤秾,沉着,高古,典雅,洗炼,劲健,绮丽,自然,含蓄,豪放,精神,缜密,疏野,清奇,委曲,实境,

三〇　采花成蜜

悲慨，形容，超诣，飘逸，旷达，流动。是不是还可以分得更细？自然可以，因为分析评介诗文作法的一类著作，包括《文心雕龙》，大量的诗话、词话，直到各种选本的高头批注，等等，其中不少名目是二十四诗品之外的。这些名目都是看来清楚、想来模糊的玩意儿，甚至应该说可意会不可言传。司空图煞费苦心以求言传，结果也只能多乞援于比喻，如"含蓄"是："不着一字，尽得风流。语不涉己，若不堪忧。是有真宰，与之沉浮。如渌满酒，花时返秋。悠悠空尘，忽忽海沤。浅深聚散，万取一收。""不着一字"，"万取一收"，这指的是哪一种写法？也仍是可意会不可言传。但我们也可以从另一面思索，就说是近于捕风捉影吧，反正"雄浑"绝不同于"纤秾"，"绮丽"绝不同于"自然"。事实也正是，写文章，如果成熟到某种程度，那就有可能具有这种风格（如"豪放"）或那种风格（如"缜密"），或者兼有这种风格和那种风格（如"清奇"加"流动"）。有风格，或说有自己的味儿，这自然是高的境界；不过既然是一种境界，它就容许人走到那里或接近它。

这里要插说一个问题，是风格有没有坏的。如果风格是指表现在文章中的特点（为了问题单纯，这里还是限于表达方面），那就应该说，有坏的。举两个突出的例。一个是，一位已经作古的学者，作品不少，行文很蹩脚，生硬沉闷，甚至语句常常不能明确地表意。这是他的文章的特点。另一个是，一位半老年人，大概希图特别恳切吧，发言，一句话的后半，或两句话的后一句，总要重述一遍。这是他的语言的特点。如果这也可以算作风格，风格的名目中就要加上"昏沉""冗赘"等等。我们习惯称这类特点为缺点，不称为风格，可见所谓风格是指好的特点，坏的不能算。

这好的特点，怎么取得呢？办法是"采花成蜜"。资质或个性，生而有之，能不能人定胜天，留待教育学家和心理学家去研究处理。这里还是就学作文说，学的办法，已经说过多少次，要大量地读，大量地写。大量地读，可以比作蜜蜂的采花。又不完全相同。推想辨别花的气味，蜜蜂是靠本能；我们就不行，要靠学。学，前面也已经谈了不少，大致包括两个重要方面：一是偏于感性的，慢慢地、仔细地体会，这有如尝菜，细咀嚼，分辨哪一盘味道好，好在哪里，记住；二是偏于理性的，聚集感性的认识，组织、提高为评价的眼力，以之为尺度，辨别高下，并追求高下的所以然。然后是在大量地写中吸收。这也有两个重要的方面：一是早期的，可以有意地着重吸收某一点。以古人为例，如苏轼的学《庄子》，归有光的学《史记》；就现代说，可以学鲁迅先生的雄健，或朱自清的清秀。二是晚期的，吸收变为无意的，兴之所至，随手拈来，化到笔下都能恰到好处。

以上说采花，说成蜜，是粗略言之；为了实用，还可以说得细一些。先说采花。花，无处不有，就是说，不管读什么，这读物中都可能有值得吸收的东西，那就应该吸收。读物，范围大得很，"可读的"是古今中外，"所读的"是力之所及。中而今，可吸收，应吸收，用不着说。中而古，也可吸收，理由需要说一说。这指的是两种方式：一种，可以称之为形体的吸收，就是把有强大表现力而现代语中缺少的词语直接用在自己的文章里，鲁迅先生就常常这样；另一种，可以称之为精神的吸收，如学《庄子》的飘逸，《荀子》的严谨，以及一般文言文的简洁、句式多变化，等等。外文作品，形体的吸收不好办，可以吸收其精神，把它们风格中的优秀的，尤其我们缺少的，吸收来，作为酿蜜的材料。读物，如果都有可取，来者不拒还是挑挑拣拣？应该，事实上也只能挑挑拣拣，因为这还要取决于自己的兴趣和看法。人的兴趣和看法，难免各有所偏，是不会兼容并包的；也唯有不兼容并包，就是说，有迎有拒，迎的，有的多，有的少，最后融会到一起，才能成为自己所独有的风格。在迎和拒的过程中，也可能出现错误，这也无妨，因为在协调的过程中可以辨认，改正。

三〇　采花成蜜

再说成蜜，即形成自己的风格。花，都是外界的；酿成什么样的蜜，花粉的质和量关系不小，但起决定性作用的是自己的兴趣和看法。俗话说，有人爱吃酸的，有人爱吃辣的。一种风格，甲乙都承认不坏，可是甲喜欢，乙不喜欢或不怎么喜欢。还可以差别更大，一种风格，甲觉得好，乙觉得不好。文学史上有多种流派，各派之间争吵，公说公有理，婆说婆有理，相持不下，主要就是来自兴趣和看法的差别。这勉强不得，只好从心所欲，各采各的花，各酿各的蜜。酿蜜，非一朝一夕之功。一般是，前期常是打游击战，读某种作品，觉得好，自己拿笔，或有意或无意，学几句，或全部用那个格调写。最明显的例是古人作诗的戏效什么什么体，如李商隐学杜甫，有"永忆江湖归白发，欲回天地入扁舟"的诗句，就学得很像。打游击战，容易转移，目的是变不利为有利。常常有这种情况：读中欣赏，写中学，再读，觉得原来的看法并不对，于是写中换为学另一种。很多人有这个经验：写，略有进益，求好心切，于是努力学修饰造作，恨不得字字抹颜色，语语不平凡；及至多读，多体会，才发现前之所追求是涂脂抹粉或虚张声势的假相，并不是本色的美，于是改弦更张，学本色，学冲淡自然。总而言之，是边学（读，吸收，写，模仿）边改（弃此从彼），边改边学，在学和改的过程中渐渐丰富，渐渐融合，渐渐稳定。融合，所收成分不同，这是形成自己的风格的基础；稳定，是以自己的兴趣和看法为主导，化多为一，并在表达方面具体化。这由多种花粉融合而成的"一"（独特风格），也许离常格不远，那就只有比较熟悉的人或有偏爱的读者能够嗅出来；也许离常格相当远，那就一般常翻书的读者都能嗅出来。人人都能嗅出来，谈何容易；实事求是，执笔为文，无妨退一步，甚至退两三步，正如为人一样，敦品励行，不为人所知也未尝不可，能够使人感到确有自己的风度就更好。

上面只说风格的有无，没有说风格的高下，有人也许会问，风格有没

153

有高下？很难说。为了容易说明，无妨举书法为例，是褚（遂良）的秀逸好呢，还是颜（真卿）的浑厚好呢？有人认为可以（实际是凭爱好）分高下；但苦于意见不能一致，有人投褚的票，有人投颜的票，如果票数相等或相差无几，那就等于承认不能分高下。因此，平心而论，我们不如说都好，各有各的美。风格也是这样，只要说得上是风格，也是各有各的优点，比高下很难，似乎也没有必要。重要的是见花能采，终于酿成蜜，即形成自己的风格。

　　这自然不容易。办法只能是锲而不舍，期待功到自然成。不成，不能强求，以免邯郸学步，画虎不成反类狗。但知道有此一境，顺路向前以求接近，即使不能登上玉皇顶，能到中天门看看也好。人生路途上的许多事都是这样，能否成功要到最后看分晓；在此之前，在立志方面无妨狂妄一些。

三一　规格之类

上一节谈风格，往高处钻了一程；高容易无根，
要迷途知返。或者说，试唱阳春白雪，很少人听，那
就还是变玄想为实际，唱唱下里巴人吧。——并且是
最下的下里巴人，就是本节题目所说，"规格"之类。
起因是这样：一篇文章，写完了，给人看，人家看，读，
甚至用眼一扫，印象不是"清清楚楚"，而是"乱七八
糟"，这是怎么回事？乱七八糟的印象，来源可能有多
种，比如某种意思明显说不通，某两个句子明显连不
上，等等，是内容和表达方面的缺点，前面已经谈过，
不属于这里所谓规格之类。这里所谓规格，是最低等
的，如一段开头应该低两格，却低了一格，序码（一）
（二）（三）（四），却用了（一）（二）（3）（四），等等。
常见的使人感到乱七八糟的原因还有规格之外的，这
主要是"标点"和"字形"（即书法），可以纳入"之

类"。简单说吧，本节是想谈三方面的缺点：一是规格，二是标点，三是书法；目的是化乱七八糟为清清楚楚。

（一）规格

规格，事似乎很小，内容却很繁琐，影响却很讨厌；做编辑出版工作的人多半很怕它，尤其整理大部头著作，几乎不敢设想在这方面不出问题。这里可以大事化小，只谈一篇文章。但这也会牵涉多方面的问题，难于列举。以下由粗到精，谈一些常见的情况，只能说是举例。

（1）抄写的用纸。我说说使我头疼的经验。很多次，年轻人送来自己的文章请我看，请我修改，用的纸却是没格的，字很小，两字之间、两行之间的距离也很小，映入眼帘，密密麻麻，看清楚，不容易，动笔改，更不容易，这使我很为难。其实这对作者也不利，比如说，文字完全相同，抄两份，一份如刚才所说，另一份用格纸，抄得清朗悦目，送给什么人评分，很可能，前一份评六十分，后一份评八十分。就说是为包装心理所左右吧，反正事实是这样，不清朗悦目就不能予人以好印象，就要降低分数。还有一次，一篇投稿送给我看，竟也是密密麻麻体，我大致看看，觉得即使想修改也难于下笔，只好退回去。作文用纸是小节，所以不惮烦而谆谆言之，是因为不少年轻人不注意这起码的要求，起步便错，其他就更不可问了。

（2）种种格式。属于这个门类的事物很不少，只能举一点点例。这可以从性质方面概括一下：凡是表现为位置不妥的都算。例如：a. 分节标题，有的在一行的中间，有的不在一行的中间。b. 序码与其后的文字间，有的空一格，有的不空。c. 每段开头低两格却忘了低格或低了一格。d. 引文独立抄，首行低三格，以下各行，此处低三格，他处低一格。e. 标点，应该参考出版物的格式，一行头一格不出现","";"。"？"等符号，末一格不出现

"。""《""（""〔"等符号。此外还可能出现一些位置不妥的情况，可以类推。

（3）序码的排列。内容复杂的文章，尤其科学性的，常常要分成大大小小的类，用几套序码标明。如（一）（二）（三）、（1）（2）（3）、（a）（b）（c）等。这要注意两方面的协调：a. 大类、小类要分清，如（一）（二）等表大类，（1）（2）等表大类之下的小类，（a）（b）等表小类之下的更小类，等等，不可混淆；b. 表一类的序码不可出现异型的，如（1）（2）（3）这一组里不可忽然来个（四）。有的人不很重视这方面的协调，结果就造成混乱。

（4）引文的核对。作文，有时要引用他人（包括古人）的文字，以为一臂之助。昔人在这方面不很拘谨，常常出现大同小异的情况。这不是因为他们缺乏责任心，而常常是因为他们高明，古书差不多都能背，因而行文时不查，如顾亭林和近人王国维就是这样。这种作风，我们现在不应该学。可是有的人偏偏在这方面惯于不拘谨，引他人的文字，马马虎虎，大致一抄，不核对，甚至凭自己的印象，把不是人家的话安在人家头上。这很不好，因为一方面是表示自己马大哈，一方面是表示对人不尊重。

（5）字体。应该写"车"而写成"車"，应该写"楼"而写成"樓"，这是应该用简体而用了繁体；应该写"略"而写成"畧"，应该写"耻"而写成"恥"，这是不应该用异体而用了异体：都是不合规定。同一篇文章多次使用同一个字，这里用合于规定的，那里用不合规定的，也应该算作规格方面的缺点。

（6）用语的统一。同一个意思或同一种关系，可以用这个词语表示，也可以用那个词语表示，这里没有对错问题；但作为使用的人或作者，他就会碰到怎样选定并维持什么表达习惯的问题。如果不注意，灵机一动，随手拈来，这里这样，那里那样，就会使明眼的读者感到作者头脑不清晰，表现在文章里是乱七八糟。这方面的情况几乎多到无限，也只能举一点点例。a. 最常见的和最突出的例是"的""地""得"的分化和不分化。分，不分，都不错，只是不许在同一篇文章里忽而分忽而不分，如"仔细地看"与"耐心的讲解"并存，"做得很对"与"乐的她眼泪都掉下来了"并存，等等。b. 表示时间也会出现这类问题，如"公元"与"公历"并存，"阴历"与"农历"并存，"1936 年"与"一九七八年"并存，等等。c. 在用字方面出现这类问题的机会更多，如"成分"与"成份"并存，"计画"与"计划"并存，"辞章"与"词章"并存，"做工"与"作工"并存，等等。d. 称谓也有这类问题，如"老祖母"与"奶奶"并存，"父亲"与"爸爸"甚至"爹"并存，等等。这里需要说明一下，用语统一与表达方式多变是互不相扰的两回事，如"伤心"与"难过"、"我下午来"与"下午我来"之类属于表达方式的变化，当然不在规格混乱之列。

（二）标点

标点有对错的分别，这里是谈规格之类，可以不管。管的是以下这些情况。

（1）标点不全（同时也不清楚）。我见过的许多密密麻麻体，其中不少是兼有这个缺点的，好像完全凭兴之所至，想到就点，没想到就不点。还清楚地记得有一篇，是文章末尾一个字之后也没有标点。

（2）标点不清楚。年轻人写文章，有这种毛病的很不少。常见的现象是：有些句号是非常小的圆点，显然是用钢笔尖一戳而成；顿号和逗号分不清楚；问号和叹号分不清楚；引号不是""，而是""；等等。

（3）用格纸写，少数人标点不占一格。这总的看来显得很拥挤，不清楚。还会出现其他问题，如引号后半与它下面的标点，就常常成为""，而不是"。""或""。"，以致（如果排印）排版工人感到无所适从。

（4）意思相类、结构相同的处所，标点不一致。如同是"秦汉"，这里写"秦汉"，那里写"秦、汉"；同是"总会成功的吧"，这里写"总会成功的吧"，那里写"总会成功的吧？"等等。

标点，对错当然关系重大。以上举的几种不是对错问题，而是应起作用而没有很好地完成任务的问题。任务不能完成，就影响说也是不可轻视的。

（三）书法

本节所谈规格、标点、书法三者，书法是最麻烦的问题，因为：（1）乱七八糟的印象绝大部分由此而来；（2）即使明白了，注意了，也不是短期内所能改正。比如说，作文应该用格纸抄，你没用，错了，明白以后，下次改用格纸，解决了；书法就不成，这次写得不好，知道不对，可是积习难改，甚至不知道应该怎样改，下次写，不走老路就很难。书法是一种要求，有高低二义：高的，写得美，成家；低的，写得清楚整齐，容易辨认，也不难看。这里所谓书法的要求当然指低的，甚至低之又低，只要求写得像汉字，而不是中西文的混合体。现在年轻人练习写字的情况，与科举时代的读书人完全不同了。那时候，读四书五经，作八股，写字，同等重要，字写得不像样就不能考中秀才、举人和进士，考中进士，字如果差些就不能进翰林院。因此，他们必须从小就抱着几本帖（主要是唐人楷书）练。现在，情况完全不同了：（1）字好坏不再是升降的条件；（2）多用钢笔和铅笔（书写工具自然会影响字体）；（3）常常既写中文，又写西文（中文笔画基本是走直线，西文相反）；（4）书法的练习，机会不多，要求不严。几种条件加起来，其和是写汉字而不像汉字，既难认，又难看。这表现在作文方面是以下各种现象。

（1）字太小，没有舒展清爽的形态，因而给人的印象是密密麻麻，含混不清。人使用文字，是通过不同的形体表达和领会意义的，形体的区别越明显，意义的显示就越清楚。字太小，同时笔画又不清晰，于是不同的字，常常看不出有明显的区别，领会意义就比较难了。

（2）笔画形状不对。汉字笔画都有一定的形状，就是常说的横平竖直。现在许多年轻人不管这些，而是从心所欲，如"横"写成"点"或小"撇"（宀、示），重叠的"横"写成"竖"（皿、具），"撇"写成"竖"（反、乃），等等。

（3）笔画位置不对。如"及"写成"夂"，"式"写成"式"，"荆"写成"荊"，等等。

（4）形体混淆。如"没""设"都写成"设"；"土"写成"土"，像"工"；"觉"写成"觉"，像"党"；等等。

（5）行笔乱曲折，乱省简，以致如果没有上下文，就辨不清是什么字。这方面的情况影响最严重，内容却包罗万象，难于举例。

书法方面所以出现这种情况，除了上面说到的几项之外，可能还有心理的原因，就是：（1）字写得清楚不清楚无所谓，我既然认识，别人自然也认识；（2）更甚者是以为只有这样不顾常规、委曲宛转才"率"。总之是不知道是不对。改正之道，首先是认识这样很不好，既误人，又误己。其次是决心除旧布新。办法很简单，是"取法乎正"加"勤勉"。这"正"指各种可资效法的"帖"，旧的如唐人有名楷帖欧阳询《九成宫》、颜真卿《多宝塔》、柳公权《玄秘塔》等；或者历代有名小楷帖王羲之《黄庭经》、王献之《十三行》、传钟绍京《灵飞经》等；或者只是临临现代人写的钢笔字帖也好。这类帖，字都是照汉字形体的规矩写的，直是直，横是横，笔画的相对位置也合法。你照着写，有如京剧女演员练步法，起初也许不习惯，日子长了，成为习惯，一举步就会踩在一条直线上。这就写字说，是无论如何快，笔形、位置总不会走了样，且不说美不美吧，清楚整齐、清朗悦目是一定能够做到的。自然，能做到不能做到，还要看能不能勤，就是能不能坚持，比如每天半小时甚至少到一刻钟也成，最怕的是三天打鱼，两天晒网。理由任何人都知道，也就不必费话了。

三二　修改

这一节是谈写部分的尾声。写完了，补缺纠谬，或精益求精，要修改。古人有"腹稿"的说法，是说初唐四杰中的王勃，因为腹已成稿，所以成文之后可以"不易一字"。这是旁人吹捧。还有"文不加（添字）点（减字）"的说法，是说三国时击鼓骂曹的祢衡，因为才高，所以下笔便能恰到好处。这是自己吹捧。事实能不能这样？应该承认，可能还是有的。但这有如从树上掉下一根枯枝，恰好是合用的拐杖；不过就常情说，拾枯枝作拐杖，总难得恰好合用，所以还要修理修理。因此，在这方面，引昔人为榜样，我们宁可多信另一端的古事，就是要"易字"，要"加点"。这样的古事，历代笔记中记了很多，这里无妨引一两件，轻可以为谈助，重可以作教训。先说一位，是大名鼎鼎的欧阳修，传说他应北宋名宰相韩琦之请，为

三二 修 改

韩作了《昼锦堂记》,开篇云:"仕宦至将相,富贵归故乡。"内容雍容,文字典重。韩琦读完全篇,大加赞赏。可是过了几天,欧派人送来另一篇,说前一篇不妥。韩拿前后两篇对比,几乎完全相同,只是后一篇开头换成"仕宦而至将相,富贵而归故乡",加了两个"而"字。前后意义无别,只是后一篇,读起来显得更顿挫,更凝重。这是连声音的精粗也不放过。用力求好还不只这一篇,沈作哲《寓简》记这样一个故事:"欧公晚年,尝自窜定平生所为文,用思甚苦。其夫人止之曰:'何自苦如此!尚畏先生嗔耶?'公笑曰:'不畏先生嗔,却怕后生笑。'"晚年还改,并且改起来没完没了。说起没完没了,不禁想起自信心强、志气高、魄力大、外号"拗相公"的王安石,洪迈《容斋续笔》记他一件事:"王荆公绝句云:'京口瓜州一水间,钟山只隔数重山。春风又绿江南岸,明月何时照我还?'吴中士人家藏其草,初云'又到江南岸',圈去'到'字,注曰'不好',改为'过'。复圈去而改为'入'。旋改为'满'。凡如是十许字,始定为'绿'。"这位"拗相公",连变法都未必考虑得这样周密,可是作诗却不轻易决定一字。——不惮烦而翻腾这类老古董做什么呢?是有所感而出此。我有时要看一些现在年轻人写的东西,其中很不少,不要说求好,甚至连再看一遍的耐心也没有,比如标点不全,落字,错字,别字,同是这个意思,这一行用"再"来一次,下一行用"在"说一次,这里用"既"然,那里用"即"然,等等;比这些较难驾驭的立意、遣词等毛病同样不少就不必说了。自然,手无缚鸡之力,求勉强扛鼎是不合适的;但关键不是"不能",而是"不为",就是说,写时不用心,又不想补救,修改。这类古事的教训是,名家如欧、王尚且如此,何况我辈呢!

以下言归正传,谈为什么要修改。可以分作几项说。

(1)一种意思,可用的表达方式(用什么词语,组成什么句式)不只一种，比如甲、乙、丙、丁等。几种之中可能有高下之别，动笔时所选择未必就是那个最好的。改，有可能把不好的换为好的，或较好的换为更好的。

（2）动笔时，笔所随的思路有不很清晰的可能，因而表现在纸面上，就会在立意、条理、措辞等方面出现问题。解铃还得系铃人，所以补救之道只能是，过些时候，等思路清晰的时候清理一过，合的留，不合的改。

（3）即使文章出于清晰的思路，过些时候再看，对于其中的某一点或某几点，也会想得比较周密或更加周密，粗中求细，也要改。

（4）所谓过些时候，间隔可以相当长，这其间，我们会经历很多事，读很多作品，尤其读的作品里会讲到同类的内容，这我们就会受到启发。再看原来的文章，本来以为天衣无缝的有了缺漏甚至错误，至少是本来觉得这样说合适的，现在看来不如那样说更妥当，总之，会发现一些问题，所以也得改。

（5）更是常情，人，只要不安于总是吃老本，就会逐渐提高。高了，看旧作就必致发现不足之处，所以也不能不改。

改，有各种情况。以下由小到大，由粗到精，谈一些主要的，也只能算作举例。

（1）规格方面的不妥和错误。这方面的问题，上一节刚说过，不重复。

（2）明显的缺失。如落字、错字、别字之类，生造词语之类，造句错误（即不通）之类。

（3）标点的不妥和错误。这方面的情况很复杂，只能举一点点例：严重的，如复句的两个分句间用了句号；斥责的句子（这哪里是开会！）和叙述的句子（我不知道他来不来。）用了问号；等等。轻微的，如对称的几部分之间用了分号，最后总括的话之前也用了分号（应该用冒号）；引文之前有冒号，末尾点了句号，引号后半却用在句号里边（应该在外边）；

等等。

（4）词语不妥。这概括地说容易，是应该用这个而用了那个。分类说就困难，因为情况千变万化：由轻微的差别（如"推崇"与"羡慕"，"鄙视"与"看不起"，等等）到重大的差别（如"团结"与"勾结"，"兢兢业业"与"苟苟营营"，等等），中间可以插入一大串。幸而道理很浅显，可以不多说。

（5）句法不妥。这指的是句式选用不当，因而表达能力受到影响的那些。情况自然很复杂。例如：意思不很鲜明的换为鲜明的（如"我不觉得有任何不合我的心的地方"→"我完全同意"）；为了突出当事人的主动性，换被字句为把字句（如"要考的功课都被我温习完了"→"我把要考的功课都温习完了"）；为了情调委婉，换直陈句为疑问句（如"这样做很好"→"这样做不是很好吗？"）；为了化板滞为轻快，换长句为短句（如"我对于是上学好还是就业好这样的问题是必须考虑考虑之后才能回答的"→"上学好还是就业好，我要考虑考虑再回答"）；等等。

（6）词、语、句的增减。作文有如打仗，要一个战士发挥一个战士的作用，而且要发挥最有效的作用。中国传统的文章风格是求简，要求意备而文省。鲁迅先生也说过将无用的字、句、段删去的话。近些年来，文章的通病是废字废话多，所以所谓"增减"，应该特别重视"减"，就是把凡是删去不影响意思表达的词（尤其虚词）、语、句都删去。当然，少数地方没有说清楚，或者应该说而没有说，也要增。

（7）分段不妥。全文有总的主旨，各段有分的主旨。分的主旨，内部要能合，对外要有别，这是分段的原则。不合这个原则的：不能合的要拆散，即多分段；不能别的要归拢，即少分段；分合不妥的要另分段。

（8）次序不妥。即条理有问题。作文，怎样算作有条理？这要就事论事，看是什么内容，选用什么写法，难得一概而论。因此，这里只能说一句说了等于不说的话：发现意思不显豁是由于条理不合适，应该不怕费事，甚至大换班，首尾颠倒，也要在所不惜。

（9）内容不妥。这也可大可小。大可以大到全篇要不得，如意思错误，见解平庸，或者与人雷同，等等，那就应该扔掉，或者效法古人，用它覆瓿。一般说，内容不妥，绝大多数是部分有问题，那就哪里错了哪里改：不该说的删，该说而没有说的补，说得不对路的换成对路的。

（10）修辞方面的推敲润泽。修辞是个百货大仓库，包罗万象；还有，神而明之，存乎其人；甚至只要求举例也很难。这里只好偷巧，还是拉古人来解围，如王荆公的"春风又绿江南岸"的"绿"，欧阳文忠公的"仕宦而至将相"的"而"，都是用力修辞，以至追求到颜色和声音。我们应该学习这种精益求精的精神，成篇之后，用心揣摸，把勉强可用的改为鲜明生动的。

（11）题目的变动。这像是很奇怪，文章是对准题目作的，怎么会有变动题目的情况出现呢？事情是这样：有时候，就题作文，忽而兴之所至，连类而及，写入不切题的内容，而偏巧，文章写得还不坏，这就不应该削足适履，而应该爱护足，把履换一换。标题也是一种技术，甚至艺术，利用它，有时候可以点铁成金，至少是化险为夷。比如题目是"校园"，写完一看，校外也写了不少，而且写得相当好，难于割爱，那就不妨把题目改为"校园内外"，这不就水乳交融了吗？

（12）篇幅的调整。前面谈题与文的时候曾提到，小题可以大作，大题可以小作，这与篇幅的调整有关系。这里想谈的不是那样的大道理，而是应付有时候会遇见的编辑先生颁布的小条例，比如电台广播稿，半小时，字数多不得过五千，少不得少于四千八，报纸副刊"花边文学"常常更严格，必须一千以内的若干字，等等。怎么办？起草的时候自然不能像银行数票子那样，一五一十，十五二十，只能心里大致估计着。写完算字数，难免多一些或少一些，为了遵照办理，也要用修改来解决，多，删，少，补。

此外自然还有种种问题需要在修改中解决，可以准上例，相机处理。

下面谈谈改的时间。

（1）边写边改。我的经验，写文章，写了一些，尤其中间停一会的时候，继续写，常常要念念前面的，以期意思和语句能够串下来。念，会发现一些小的不妥，要随发现随改。

（2）写完即刻改。文章写完，要通读一过；通读中发现不妥和错误，当然要改。这时的修改，因为思路没有大变化，多半是较轻微的变动。命题作文，定时交卷，自然只能采取这样的修改形式。

（3）以后陆续改。如果不是定时交卷，过些时候改，效果会更好。理由前面已经说过，不重复。这样的修改，常常会有较大的变动，时间越靠后越是这样。不过俗话说，丑媳妇难免见公婆，一般说，写成了总不能永远放在抽屉里。因此，写完与定稿之间究竟以多长时间为宜，要灵活处理，难于划一。不过原则是，多改比少改好，远改比近改好。

以上所说都属于自力更生的范围。有时候，甚至常常，或说最好，是利用他力，就是请别人看看，提些意见，然后以之为参考，修改。俗话说，旁观者清，参考别人意见，常常可以更容易补救偏颇缺漏的毛病。自然，别人的意见未必都可取，要慎重考虑，平心静气地定取舍。

最后，还要记住，无论怎样修改，做到天衣无缝是很难的，或说办不到。因此，修改的目标不过是，由消灭缺失而渐入佳境，而不是十全十美。十全十美是极限，能够因修改而渐渐接近它，至少是趋向它，也就可以满足了。

三三 粉饰造作

　　这本小书谈写的部分，开始于"由记话起"，到上一节"修改"，已经谈了十七个题目，这在全书中好像织布梭的中段，显得特别粗大。这自然是难免的，因为学作文，目的就是学会写，读也是为了写。说起写，真是个包罗万象的玩意儿，由概括到具体，由理论到实践，由正面到反面，千头万绪，说也说不尽。以上十七节所谈都是正面的，偏于概括的，就是，关于写，据我所知，主要有哪些事需要注意，或者说，应该怎样写。应该怎样的反面是不应该怎样，这本来可以由正面推出来，用不着说。不过，人间有些事，积习难改，甚至积非成是，为了引起注意，变难改为可改，多在耳边吵嚷几次也许有好处。也就是基于这个想法，所以决定从反面说说不应该怎样写，算作谈写的部分的尾声。关于不应该怎样写，情况也复杂得很，难于细说，也不好多说。因为：（1）所指都是有些人所偏爱，会引起无谓的争论；（2）幸而获得多数人首肯，对着癫疮疤喊"亮"总是不讨人喜欢；（3）我是不大相信所谓作文法的，不应该这样、不应该那样不也正是法吗？但是，与"各行其是"并立的还有"各言其所信"，所以还是决定说说我认为不应该的一点点。这一点点是表达方面的流行病，——比医学方面的流行病更难对付，因为写作上的，面貌模糊，常常使人误认为美，不是病，因而就更难防治。这所谓流行病，势力最大的是"粉饰造作""累赘拖沓"和"板滞沉闷"。这一节先谈"粉饰造作"。

这是个难于说清楚的事物。因为：（1）写作应该求好，而适度的修润与粉饰造作之间却没有明确的界限。（2）粉饰造作的目的是求好，而且有不少人很欣赏这样精雕细琢，你说是病，怎么能够使人心服？（3）举例的办法不好用，因为：a. 过于突出的常常缺乏普遍性，b. 反之又难于说明情况，c. 这近于指名道姓，会招来不愉快。但是不举例又实在难于讲清楚。不得已，还是先拿点实物看看。例都是随手拣来的，目的只是显示表达方面的两种格调，并不含有褒贬之意。

先举反面的：

　　（1）火场，惊慌之地；看他处乱不惊，神色从容。当然，他的大脑正在高速运转：有没有易燃易爆物？有没有珍贵物品？人，更宝贵……不过，若电视节目制作者洞悉这些战士的特殊心理，或许会尽量避免采用各种铃声，因为，任何铃响，都会扣动他们那异常敏感的神经。……差两分零点"停水"。单忠宣布战斗结束。骤然，迎春的鞭炮声响彻全城，北京的夜空流光飞彩。"呵，多美！"战士舒心地望着，笑了。（某晚报二版）

（2）音乐是这幅画上的瑰丽璀璨的色彩。昨天的田野，淡彩轻抹，审视了年轻人精神的被蹂躏和他们的憧憬、追求、奋起；今天的田野，浓墨重彩渲染他们的勃发英姿和色彩斑斓的创造性生活。……韩七月坟前一场戏的音乐是颇有哲人睿语似的撼人心魄的力量的。人们都默默无语，因为在这里无须任何人作凄清苦冷的表露。（某日报三版）

再举正面的：

（1）我家的猫咪总是咬人，也很不听话。它总是窜到窗台上，通过玻璃窗向外张望。爸爸说它太闷了，让我把猫咪撒开，好叫它出去玩玩。可是，它出去了还会回来吗？如果走失了，我该多伤心！……天近傍晚的时候，出人意料，猫咪晃着尾巴，悠闲地回来了。我欣喜若狂地大喊："爸爸！妈妈！试验成功了！"一家人全凑了过来。只见猫咪浑身雪白的毛上沾着新鲜的泥土。爸爸笑着说："它和人是一样的，若从早到晚天天关在屋子里，谁都会有意见的！"（某晚报三版，初二学生作）

（2）但是，朔方的雪花在纷飞之后，却永远如粉，如沙，他们决不粘连，撒在屋上，地上，枯草上，就是这样。屋上的雪是早已就有消化了的，因为屋里居人的火的温热。别的，在晴天之下，旋风忽来，便蓬勃地奋飞，在日光中灿灿地生光，如包藏火焰的大雾，旋转而且升腾，弥漫太空，使太空旋转而且升腾地闪烁。（鲁迅《野草·雪》）

正反两面的例，（1）都是记事，（2）都是带有诗意的述观感，可是读一读，任何人都会感到，格调大不相同。至于印象，那就会甲有甲的，乙有乙的。

难得多调查研究，只好说说自己的。这可以从几个方面看：（1）用力方面，反面的容易看出来，像第一次上台演出，用尽全身力量，希望获得满堂好；正面的呢，难说，也许同样用力了，可是看不出来，所以也可能是行所无事。（2）因而读者的感觉是，正面的是割鸡用牛刀，轻而易举，绰有余裕；反面的正好相反，是割牛用鸡刀，左支右绌，捉襟见肘。（3）词句的节奏方面，正面的，通畅自然，一清如水；反面的，生硬艰涩，磕磕绊绊。（4）意思方面，正面的，清楚鲜明；反面的，模糊晦涩。（5）总的结果，读正面的，感到轻快亲切，读了一遍还想再读；读反面的，感到费力不小而像是陷到五里雾中，经常是看几行扔开。

有人也许会说，扔开，那是你的一偏之见；有不少人也许想读"三"遍。这大概是事实，譬如说，也致力于揣摩这种格调的人，总不会没有终篇就放下吧？在这方面，争论是没有用的。我只想说说我的理由，是：（1）像上面举的正面的两个例，看了皱眉，说是很糟的总不会有吧？（2）文学史上的名文，一般评论（个别的异说总难免）为高超的，都是言浅意深、通畅自然的，这里面有理在，不可能完全出于偏见。（3）通畅自然是文章的更高的境界（与"秾丽古奥"比，不是与"生硬晦涩"比），这在前面已经说过，不重复。（4）还可以追根问柢，写文章，所求是什么？是求读者通晓还是不通晓？粉饰造作，费大力的结果是读者也费大力，甚至莫知所云，这能算是走了顺路吗？

上面许多分辨的话，如果还不能说服偏爱粉饰造作的一些人，那就不再争论也好。不过为了这篇标题作文能够成篇，我不得不假定我的看法是正确的。然后才可以像医生一样，先搞清楚病状和病源，再然后是斟酌处方。

病状容易找到，大致说是表现在四个方面。一是可以直说而偏偏曲说，如上面例里的"他的大脑正在高速运转","都会扣动他们那异常敏感的神经","音乐是这幅画上的瑰丽璀璨的色彩"就是。二是可以明说（意思明显）而偏偏暗说（意思晦涩），如上面例里的"审视了年轻人精神的被蹂躏和他们的憧憬、追求、奋起","浓墨重彩渲染他们的勃发英姿和色彩斑斓的创造性生活","因为在这里无须任何人作凄清苦冷的表露"就是。三是可以本色而偏偏擦脂抹粉，如某报三版征文选登中一篇的"红云一般的地毯铺展出童话般的奇境。瀑布一样的吊灯流溢着缤纷的色彩。那些古色古香的构筑在楼中的水榭亭台和屋顶花园，那一千多套堪称豪华的客房和众多的酒廊餐厅"就是。四是可以用平常话而偏偏文绉绉。这通常有三种办法：a. 用不见于口语的文，如上面例里的"处乱不惊""淡彩轻抹""撼人心魄"就是；b. 生造词语，如上面例里的"流光飞彩""睿语""苦冷"就是；c. 乱用文言成分，如上引某报征文选登中另一篇的"走出小花园，来到四十米高、四十多米长的冷库前，感到这里别有洞天。楼前的喷水池，喷珠溅玉，依稀描出一弯不泯的彩虹，与隽秀的太湖石相映成趣。楼的两侧，桧柏、油松凝寒滴翠，花坛、草坪鳞次栉比"就是。

　　病源难说，因为很复杂，有的人也许是一种或主要是一种，有的人也许兼有几种。这几种是：（1）可以说是自然的过程。有不少所谓"艺"，学习进程都可以大致分为三个阶段，开头是不得其门而入，想用力用不上；中间是略有所知，恨不得一步登天；末期是炉火纯青，归真返朴。实例很不少，较远期的如书法、参禅是这样，较近期的如武术、演戏也是这样。学作文也同一理，想一步登天而还没有孙悟空的本领，于是就眼前身后找梯子，而最容易找到的就是粉饰造作，这样写，至少作者会这样想：你看，我比一般人高多了吧？高，就行程说也许是这样，可惜是走了差路，越走得远离作文应有的目标越远。但这也不要紧，既然是自然的过程，它就必致有过去的一天;不过要有条件,是继续向前走,目光有变,这留到下面再说。
(2)学什么唱什么。因为读的大多是这种格调的作品,久而成癖,甚至以
为只有这样写才可以称为文章,提起笔自然就成为这个格调。(3)认识问
题。就是说,在多种格调之中,比较之后,偏偏觉得粉饰造作、扭扭捏捏好,
甚至能够说出所以如此认为的理由。(4)也许还有资质方面的原因? 比如
说,孪生兄弟,受同样的教养,也可能一个喜欢钻图书馆,另一个喜欢留长
发,戴蛤蟆镜。看文章也是如此,比如同是封建时期的文人,有的人抱着《文
选》不放,有的人则迷恋唐宋八大家。

　　不管是由于什么,只要承认是病,就要治。找到病源,处方不难,不过
是:(1)要扩大眼界,多读,尤其要多读好的。(2)在多读中积累,比较,
吟味,培养能够辨别高下的眼力。(3)执笔,随着高的走,并以下的为鉴戒,
躲开它。(4)入门的办法,其实也是长期有效的办法,是"文"向"话"靠拢,
就是,写完,自己念念,像话,保留,不像话,改。(5)努力学学朴实、清淡、
自然的格调,到相当的时候,能够悟入,体会"劲气内敛""拙为大巧"的
微妙,那就目中笔下都稳固了。几种药味之中,认识是主;有了主,无论读,
无论写,神而明之就都不难了。

三四 累赘拖沓

这一节谈流行病的第二种，累赘拖沓。所谓累赘拖沓，是可以不写的写了，可以少写的写多了。可以不写和可以少写可能表现在不同性质的两个方面：内容方面和表达方面。历史上有不少传世的甚至在当时认为高妙的作品，如有些史论、绝大部分应制诗、一切八股文，都应该列入可以不写的一群，这是因为"内容"毫无足取。我们这里谈的是假定内容可取，可是行文不简练，用两句能说清楚的却用了三句甚至四五句，用两个字能够交代明白的却用了三个字甚至四五个字。这是"表达"方面的问题，因为近些年来大有日增月益之势，所以值得说一说，引起注意。

说"近些年来"，意思是同过去比较。我国文人写作，一直是惯于简练并推崇简练的。这一部分是客观条件使然。所谓客观条件是：（1）书写、印刷条件困难，时代越靠前越是这样；（2）最多只能得名誉，换地位，却不能拿按千字计酬的稿费。因书写困难而不得不简，可以举《论语》为代表，如讲仁之方，由消极方面说是"己所不欲，勿施于人"，只八个字；由积极方面说是"己欲立而立人，己欲达而达人"，十二个字，不过增了三分之一。如果现在写这个意思，也许就要由"必须指出"写起，中间加上些"由于……使得"，"我们的目的是为了要"，等等，说了半天也未必能说明白吧？有人也许会说，要确切生动就不能过于简。我看不是这样，譬如《左传》记事，总不能说是不确切生动吧？可是同样很简。再以后，如《史记·货殖列传》是讲若干朝代若干地区的经济情况的，内容那样丰富，可是字数并不很多。

　　比客观条件更重要的是主观条件，就是都以能简为大手笔。宋朝和尚文莹《湘山野录》记一个故事，北宋大官钱惟演请谢绛、尹洙、欧阳修都为他作《河南驿记》，写成以后，谢文七百字，欧文五百字，尹文只三百八十多字。欧阳修不服，重作，比尹文少十二个字，尹洙赞叹说："欧九（欧行九）真一日千里也！"这是公认，同样的内容，用字越少文笔越高。因为这成为文人的公有信条，所以大名家如司马迁，后来竟不只一个人试改他的文章。如《史记·李将军列传》："（李广见草中石，）以为虎而射之，中石没镞。视之，石也。因复更射，终不能复入石矣。"金末王若虚《滹南遗老集》就主张改为："以为虎而射之，没镞，既知其石，因复更射，终不能入。"比原作少五个字而意思未变，想来太史公有知，也许会首肯的吧？

　　简比繁好，是风气，但风气之下有更深的理在。这理是个经济规律：最好是所费少而所得多。小孩子选买鞭炮，用的是这个规律；孩子妈妈买毛线织毛衣，用的也是这个规律；孩子爸爸写文章，当然也要用这个规律，除非考虑的不是文章好坏，而是稿费多少。——如果在这方面还有些半信半疑，那就请看鲁迅先生的意见："写完后至少看两遍，竭力将可有可无

的字、句、段删去,毫不可惜。"(《二心集·答北斗杂志社问》)

可是,不管道理怎样明白,现在的实况是繁多简少,许多人惯于繁而无所感,情势趋于繁而没有停止的迹象。自然,这也有客观的原因。显而易见的有:(1)词汇的音节加多了,如《论语》"足食足兵,民信之矣",换成现代语,除"矣"变为"啦",不改旧家风之外,"足""食""兵""民""信""之"都要变为双音词。(2)意会法用得少了,如"杖死",不管怎样译,前面总要加"被";"雨则改期",现在要用"如果……那么就"的格式表示。(3)省略法用得少了,如"君君,臣臣","此堂,议事之地","家姑苏",用现代语说总要加些字。(4)新事物多了,有不少已经不是简的说法所能表示(严复译文求雅,努力求本土化,费力大、不全信、难理解就是明证)。这样的词很多,句式也不少。(5)吸收西方文明,大量翻译外国作品,就不能不同时创造很多能够同外语协调的长句式,这类长句式又不能不渐渐地、偷偷地挤入旧有的表达方式,使句法更加趋向于长。不管由于什么原因,反正"长"与"繁"是近邻,这道理可以引滥竽充数的故事来说明,因为吹竽的多到三百人,所以没用的南郭处士就容易混进来。

不必繁而繁的结果是累赘拖沓。果,想摘掉,要溯本穷源;可是源太复杂,可以表现为多种形式,说不尽。不得已,只好举一些例,以管窥豹,可见一斑。

(1)正如鲁迅先生所说,有时候,"段"也可以删去。段可删,常常是因为意思不必要,甚至不好,当然写了不如不写。较少的时候是因为前面已经说过,或者后面还要着重发挥,不删去就成为赘疣。这里所说是指这成为赘疣的一种。

(2)比较常见的是句意重复。如刚写了"像这种不合理的措施,我无论如何是不赞成的"，还怕读者印象不深，于是加一句："这就是说，我是坚决反对的。"这后一句写了等于不写，当然应该删去。

（3）有时候，也是不如不写，但不像刚举的例那样明显，可以名之为"画蛇添足"。比如描写景物，文笔不坏，甚至有如文学史上的名句："暮春三月，江南草长，杂花生树，群莺乱飞。"写完，唯恐读者还不能体会，于是加一句："这是多么美好的景物呀！"同理，有的人写悲惨的故事，到足以引出同情之泪的地方，总愿意加上一句："这是多么使人悲痛的事啊！"像这样的话，写的人也许意在锦上添花，其实效果是嚼饭与人，甚至大煞风景。

（4）说法可以从简而从繁。这个门类里货色太多，也是说不尽。随便举几个例，如不写"我没注意"而写"没有引起我的注意"；不写"我欢迎他来"而写"对于他的来我是欢迎的"；不写"张三和李四都参加了"而写"张三和李四，他们都参加了"；不写"这我同意"而写"这我是不会表示反对的"；等等。

（5）加无用的修饰限制语。不必要的修饰限制语可以分为三类。如"大声叫喊"，"白色的雪花"，"正在上中学的年轻姑娘"，其中加点的字都可以不用，但用了也不明显地像是多余，是一类，如果苛求，应该在反对粉饰造作的地方讲。另一类，如"我读过他所作的文章"，"我放下用钱买来的苹果"，"我抱起放在桌子上的电视机"，"我有意识地告诉他"，"我用自己的手把门关上"，等等，加点的字都明显地多余，当然应该删去。还有一类是用了不只多余，反而更坏。常见的如"麦子基本上都收完了"（类似的说法还有"一般都是"），"损人利己不太好"，前者意思矛盾，因为"都"就不是"基本上"，后者可以理解为"损人利己是好，不过不是太好"。近年以来，尤其"太"字，成了口头禅，比如分明毫无所知，一定要说"我不太清楚"，这在语言中虽然未必是大病，也总不如没有吧？

（6）故作惊奇。如"必须指出"，"如所周知"，"当当当，下课了"之类，常常是不用照样能够达意，用了反而显得装腔弄势。

（7）新流行的异国格调。如"上班不好好工作是不会被允许的"，"这件事我们要作调查"，"下午，学校正在进行开会的时候"，"这个问题，领导必须仔细加以研究"，"由于下雨，使得我不能出门了"，等等，其中加点的字好像衣服上的泥点，去掉反而显得干净利落。

（8）叠床架屋。顾名思义，是指用一个足够，偏偏用两个甚至三个的说法。近些年来，这类说法几乎无孔不入，而且似乎还在发荣滋长。我有时思索这种情况的原因。一种可能是对某些词的功能有怀疑，或说拿不准，因而像买锁一样，要双保险。这正像派人出差，唯恐张三一个人办不好，所以加上李四。另一种可能是啦啦队心理，越多越气盛，也就是不加思索地认为繁比简好。不管源头是什么，反正涓涓之水已经汇成小河；在某些人的眼里，甚至认为不顺着河水流的说法是错了。这类说法，绝大多数表现在使用虚词方面，数量很不少。下面举一些常见的（加点的字都是多余的）：a. 想起了一件事，打开了箱子，带来了一本书，装在了脑子里。b. 认为是很正确，看作是最出色的，莫非是他不来啦？ c. 必须要今天办完，必须要争取本月底完成。d. 能够看得见，能够买得起吗？ e. 只不过用了三天，只不过是历史陈迹了。f. 重新又拿起笔来战斗，重新又读了一遍。g. 目的是为了自学成才，目的是为了要自力更生，目的是为了加快建设速度。h. 除了食品以外，其余的都不买。i. 意见很好，但是却有人不同意；以为他会来，但是却没有来。j. 有书，而且也有画；漂亮，而且也聪明；要勤，而且还要俭；请你，而且还请他。k. 如果他来，那么就开会。l. 由于下雨，因此我不晒衣服了；因为风太大，因此树刮倒不少。m. 这个问题涉及到三个方面。n. 不应该将过错完全归诸于他人。此外还会有些相似的，可以类推。

　　前面说，想除病，要穷本溯源。源是什么？仔细考虑之后，仍以为繁比简好的人大概没有。那么，剩下的可能不外两种：（1）因为还不能很清楚地了解语言文字的功能，所以不能熟练地使用它；（2）随波逐流，学什么唱什么。这（1）和（2），追根问柢，其实是一回事，就是人云亦云而不自知，以至于有意无意地认为，表达某种意思，只能这样繁而不能简。

　　救不知的办法是"知"。分开说是两种：（1）多读名作（名作不会是累赘拖沓的），逐渐求简练的写法在脑子里占上风；（2）并提高为理性认识，明确知道简比繁好的理由，下笔时努力避繁就简，以求逐渐形成下笔能简的习惯。写到这里，想起当年叶圣陶先生同我讲的一次话："文章写成，如果人家给你删去一两个字而意思没变，就证明你的文章还不成。"这个教训我一直记住；可是惭愧，总是望道而未之见。自然，能够达到这个境界是太难了，比如《孟子》，古今推为超级手笔，可是像"时子因陈子而以告孟子，陈子以时子之言告孟子"的说法，顾亭林《日知录》也宛转地提出批评："此不须重见而意已明。"这是健步的人有时也难免跌跤。"有时"，但绝大部分时间是不跌跤，我们学作文，所求的正是这个。

三五 板滞沉闷

　　这一节谈流行病的第三种，板滞沉闷。与粉饰造作和累赘拖沓相比，板滞沉闷是个更难对付的症状。这样说有种种原因。其一是比较难于辨认。打个比喻，擦浓胭脂，抹厚粉，一见便知是粉饰造作；琐碎小事，一般人几秒钟可完的事，某人却用了一两分钟，也是一见便知是累赘拖沓；板滞沉闷就不然，像是正襟危坐，不苟言笑，你能说这是不应该的吗？其二，有的文体，如宣言，有的内容，如悼念死者，似乎就不宜于写得轻快活泼。其三，郑重严谨与板滞沉闷纵然不是一回事，却性相近而貌相似，想一刀两断式地划清界限很不容易。其四，因为划清界限不容易，说某种写法是板滞沉闷，应该改弦更张，就难于找到人人都信服的理由。其五，假定人人都信服了，就是说，承认它是病，想治，化板滞沉闷为轻快活泼，却很不容易。

三五　板滞沉闷

因为有以上几难，所以处方之前，要先搞清楚什么是板滞沉闷。这可以从郑重严谨与板滞沉闷的分别说起。不错，有的文体和内容宜于写得郑重严谨，或说不容易写得轻快活泼，本土的如《荀子》，外国的如康德《纯粹理性批判》，都是好例。但也不尽然，如《庄子》也是讲大道理的，可是不像《荀子》那样，总是板着面孔，目不斜视，而是上天下地，嘻嘻哈哈；同样，英国罗素的著作有不少是讲抽象道理的，可是能近取譬，写得浅明，而且常常有风趣。又如同是记史实，唐宋以后的正史都是循规蹈矩地写，《史记》就不然，而是揉客观的事和主观的情为一团，随笔锋之所至，有时嬉笑怒骂，有时痛哭流涕，因而能够取得使读者像是读小说、看戏剧的效果。再举个罕见的例，曹操写过一篇祭桥玄的小文，由歌功颂德起，说了不少恭谨的话，可是接近末尾，却引用了当年的玩笑话："殂逝之后，路有经由，不以斗酒只鸡过相沃酹，车过三步，腹痛勿怪。"可见悼念死者也未尝不可以轻松一下。总之是事在人为。

以上的例表示，在郑重严谨和轻快活泼方面，性质相同的作品有偏此偏彼之差，也就是有回旋的余地。有的内容，通常是写得偏于郑重严谨，但并不是绝不能写得偏于轻快活泼。能够轻快活泼，好，至少从读者方面看是这样；不能，也不能算坏，因为无论照常规说还是就表达效果说，都是合格的。我们这里所谓板滞沉闷不是都合格的一群里的偏此偏彼，而是应该写得浅显通畅而没有写得浅显通畅。看下面的例：

例如，民主德国体育科研所的机构体制由按学科划分转为按项目组织，对一些优秀选手由各相关学科组成专家组来进行指导；美国标枪设计师根据流体力学的原理，在规则允许的范围内，把标枪设计得更符合波特拉诺夫的特点，这对创造新的世界纪录起到很大的作用；

随着世界向信息社会发展，各国十分重视收集和了解其他国家的先进训练方法、手段和技术，根据本国的具体条件制定出多年的、全面的规划和计划，有目标地、稳步地培养田径人才；现代化设备在田径科研和训练中得到更多的应用，利用电子计算机辅助训练的安排，进行生物力学和运动生理的定量分析，帮助计算并纠正错误动作等，从而使训练更趋科学、合理；各国越来越重视科学地选材和育材，新出现的大批年轻选手在身体形态和素质方面都很理想，这无疑促使了成绩进一步提高；各国重视对女子体育的理论研究，因此，近些年女子田径成绩发展速度高于男子的速度。（某月刊一九八四年第一期某文一段）

文章的条理不能说不清楚，可是，因为全段只一句，分号隔开的几部分又都繁复而少变化，所以读起来显得没有简明清新之气，甚至相当难懂，光靠听就更不行，要慢慢看，仔细捉摸。想到不少前辈写文章就不是这样。如：

> 但是，中国的老先生们——连二十岁上下的老先生们都算在内——不知怎的总有一种矛盾的意见，就是将女人孩子看得太低，同时又看得太高。妇孺是上不了场面的；然而一面又拜才女，捧神童。甚至于还想借此结识一个阔亲家，使自己也连类飞黄腾达。什么木兰从军，缇萦救父，更其津津乐道，以显示自己倒是一个死不争气的瘟虫。对于学生也是一样，既要他们"莫谈国事"，又要他们独退番兵，退不了，就冷笑他们无用。（鲁迅《华盖集·补白》）
>
> 战国以来，唱歌似乎就以悲哀为主，这反映着动乱的时代。……书生吟诵，声酸辞苦，正和悲歌一脉相传。但是声酸必须辞苦，辞苦

又必须情苦；若是并无苦情，只有苦辞，甚至连苦辞也没有，只有那供人酸鼻的声调，那就过了分，不但不能动人，反要遭人嘲弄了。书生往往自命不凡，得意的自然有，却只是少数，失意的可太多了。所以总是叹老嗟卑，长歌当哭，哭丧着脸一副可怜相。(《朱自清古典文学论文集·论书生的酸气》)

读一读会感到，意思虽然深微曲折得多，表达方面却简明流利。这是总的印象。分开说是：(1)意思不是玻璃板式的，平静不变，而是波浪式的，有动荡；(2)句式的长短和结构都变化多；(3)短句多，念着有顿挫感，不是拉扯不断；(4)最重要的是像话，至少是同话接近，只靠耳朵可以理解。

　　下笔成文，板滞或者活泼，也许同内容或文意的情况有些关系。但这不是主要的，因为名作家如鲁迅先生，是很多种文意都写，可是没有一篇是板滞沉闷的。所以关键还是在于表达，就是用什么样的语言写。提起用什么样的语言写，我想谈一些远但又不很远的事。那是五四时期的文学革命，表现在文章的用语方面是舍文言而用白话，就是说，过去写成"归遗细君"的，而今要写成"拿回去给老婆"。"老婆"没有"细君"古雅，所以许多遗老见了白话就皱眉，如林琴南之流，这且不谈。单说赞成改用白话的，其中不少是惯于用文言的，一下子改用白话，反而不习惯，这有如缠脚穿绣鞋惯了，一旦解放，难免扭扭捏捏。语言的改变也是这样，起初，有不少人是把脑子里的文言翻成纸上的白话，虽然已经是白话，文言的影子却还在半明半暗地晃动。比如"我想好了"，当时就会写成"我的意思是决定哩"，这显然是文言"余之意决矣"的翻版。翻版，产品是尚未脱离文言羁绊的白话。不过无论如何，写的人是"决心"用白话。这日久天长，经过不少作家的摸索、试验、创造，文言的羁绊力量越来越薄弱，终于形成了以三十年代为代表的新风格。严格说，新风格不是地道口语（姑且以北京话为标准），这只要拿老舍作品中的对话同鲁迅先生的杂文一比就知道。但作者的笔下，或有意或无意，总是在写"白话"，结果是写成提炼了的白话。提炼了，因而与口语的关系成为"不即不离"。它不完全同于口语，是不即；但是就照原文说说讲讲，也并非不像话，是不离。至少我个人想，以三十年代为代表的文章用语的成就主要就是这不即不离。这个传统向下流传，不少作家，不少作品，仍然有意地学它，无意地用它，因而养壮了，吃胖了。自然，小的变化也在所难免，这且不谈。需要注意的是由这不即不离岔出去的一股水流，是不即而离，并且越离越远。这就是本节所说板滞沉闷的那种格调。我有时想，为什么会这样？异国情调的译文的影响可能不小。又，有些新事物和新思想，旧的酒坛子常常不能恰好装下去。也许最重要的原因还是同不即不离不熟悉，甚至无一面之缘，因而也就不能借不即不离的风来驶自己的船。不管因为什么，总之是这股远离白话的水流势头很大，颇有泛滥成灾的危险。

上面这些话，有的人也许认为完全是偏见，甚至没有进化观点，因为我没有领会我所谓板滞沉闷的文章的优点。优点是什么？可能是严密，是精深。严密的思想，精深的内容，就不能用简明流利的话写出来吗？——这类仁者见仁、智者见智的事，还是不争论的好，因为有的人分明很不喜欢像话的文章，理由是太浅易，下里巴人。如果所谓"浅易"是指容易写，连小学生都优为之，所以是下里巴人，我倒要争论几句。我的意见正好相反，是浅易像话的文章并不容易写，而是更难写。理由很多，这里随便举几个。（1）上面举的两面的例可以为证，浅易的是出于鲁迅、朱自清二位的笔下，容易吗？这个理由也许有势利眼之嫌，不算也可以，再看（2），上面引的第一个例，请改为浅易的下里巴人之格，试试容易不容易。我估计，大概有很多人办不了。（3）举旧小说的语言为证，《西游记》不像话，《红楼梦》像话，我看高不可及的不是前者而是后者。（4）说句失礼的话，板滞沉闷的格调又有何难？不过是把一些熟套里的虚词和大量的名称术语像装货车那样堆在一起；而浅易像话的格调就麻烦得多，好像布置客厅，哪里要松，哪里要紧，哪里要方，哪里要圆，以及多种形式怎样衬托、穿插，都要费思索，具匠心。（5）像一切技艺的学习过程一样，学作文也有三种境界（借用王国维《人间词话》的说法）：一是不知如何用力，只好平铺直叙；二是尽力求不凡，修饰，曲折，玩花样，使人一见就知道是在大卖力气；三是炉火纯青，绚烂之极归于平淡，有时也许用力，可是看不出曾经用力，经常是行所无事，连自己也不觉得曾经用力。我看，板滞沉闷，像粉饰造作一样，至多只是"趋向于"第二种境界；至于浅易如话，那才是第三种境界，归于平淡。

话说得很多，很琐碎，是希望不习惯用浅易如话或不愿意用浅易如话的格调写的同志们相信浅易如话比板滞沉闷好，或至少是对板滞沉闷的格调的信心稍有动摇。——如果真就动摇了，怎么办？我的想法，能动摇是根本，有了这根本，其他都好办。下面说说处方。

（1）至少由时间方面看，眼比手更重要。这里说眼包括两个方面：a. 眼力。刚才说动摇是根本，意思是可以从这里出发，向前走，使怀疑板滞沉闷并不好变为相信轻快活泼确是好。信是取舍的决定性的动力；没有这个动力，甚至会尽力求板滞沉闷，其他一切灵丹妙药自然就都不能奏效。b. 用眼睛吸收。前面一再说过，表情达意的方法都是学来的，用浅易像话的语言表达，也要学。办法是多读并仔细体会浅易像话的作品的表达方面的格局和巧妙，不只吟味（包括同板滞沉闷比较），还要熟，使它慢慢印在脑子里，成为自己的。

（2）写时的注意和努力。所谓注意，总的说是避开板滞沉闷的格调，分开说是：a. 立意、行文不要总是板着面孔，死气沉沉，要行云流水，涉笔成趣，治大国如烹小鲜；b. 尽量把长句拆开，化为短句；c. 尽量把只见于书面的说法改为平常话，异国情调的句式尽量少用；d. 句式尽量求多变化，如长短交错，单复交错，骈散交错，直陈、疑问交错，不同结构的句式交错，等等。e. 尽力求鲜明流利，写完看看，还有晦涩别扭的，改。

（3）我国有个成语，金针度人。求鲜明流利也有个金针，是向"话"靠拢。关于话和文的关系，前面"言文距离"一节已经谈了不少，不再重复；这里只想说说，话一般是简短的，浅易的，鲜明的，能够像话，或者说，同话接近，就不会有板滞沉闷的缺点。执笔求像话有两个步骤：a. "努力"用像话的格调写，慢慢做到"惯于"用像话的格调写；b. 写完要念，发现不像话的地方，坚决改。写到这里，想起叶圣陶先生同我讲过的话，虽然多次向别人转述，这里还要重复一次，是："写成文章，读，要让隔壁听的人以为是谈话，不是念稿，才算够了格。"这个境界，我虽然心向往之，可是说到实践，很惭愧，也许还离十万八千里吧？

三六　师生之间

　　关于作文，想到的内容算是谈完了。有个从事语文教育的朋友说，这样的内容，有些语文教师会拿去参考，那就不如也谈谈怎样教。这个善意，以及或者会拿去参考的语文教师的善意，我不敢辜负。可是想到谈，却感到困难不少。我昔年也当过语文教师，深知道语文教师的苦处，上课，要把未必好的文章说成天衣无缝，下课，要把不很通的作文改得体无完肤，精力比其他学科的教师费得多且不说，最头疼的是常常事倍而功半。当年我上学时期，不少人有个偏见：教数理化不能凑合，教语文（那时候名"国文"）可以凑合，比如有那么一位先生，教数理化等学科能力不够，而有后门，不能不照顾，那就只好让他教语文，因为他识汉字。到如今，这样看的人大概很少了吧？但也不见得没有。如果真有，那我就不得不以曾经是

187

语文教师的资格，代今日的语文教师（也为自己）发几句牢骚，一吐不平之气。说气，气不足以服人，要讲理。其实，这理很简单，就是事实是，教语文课，特别累且不说，最要命的是特别难。比如家长送来几个学生，保证，甚至经过检验，资质都是中人以上，恳切地希望（这自然是人之常情），经过一段时间（比如五年或六年），老师把他们教"会"了。再比如我是历史教师，或者出于恻隐之心，或者出于爱面子，也许敢于这样回答："请您放心，我一定办到。"这样回答，是想到，经过几年的教和学，背清楚中国的朝代统系，说清楚历朝的大事，至少不把秦始皇和秦琼搅在一起，总不会有问题。如果我是语文教师，即使同样有恻隐之心，同样爱面子，答话就不敢这样干脆；经过几年，作文能够清楚地表情达意，至少是不写错别字，行吗？我多年不教语文课，也许还是旧框框，过于保守，那就请现在仍在教课的诸位去答吧。我的想法，直到现在，我们还没有找到向家长打保票的可靠的有效的办法。不错，都在想，而且想出的道道很不少，雨后春笋、汗牛充栋的语文教学报刊就是明证。但这证据同时可以看作反证，是药方多，可见都不是特效的。话像是扯得太远了，其实意思却是简单明确的，是教会作文非常难。善意的读者或者会说："因为难，所以想听听你的意见。"我呢，自知拿不出什么好办法，可是这篇韩非子《说难》却非作不可，怎么办？不得已，只好细题粗作，或正题歪作，办法少说（原因之一是难于细说，之二是胶柱鼓瑟未必有用），只说说我想到的应当注意之点。总之，仍同以前各节一样，近于无用的空话。打算分作四个题目谈，这一节谈"师生之间"。

师，一位；生，相当多，四十上下。教师，有学识、经验、性情等方面的差异，都会影响教学，留到下一节谈。这里说学生，虽然年龄差不多，程度、兴趣等却也必致有差异。旧时代学塾教学，是合屋而不合班，比如有的学生念《千字文》,有的学生却念《诗经》,在一间房子里背诵吟唱,各不相扰。就学习语文说,这个办法不无好处,可是现在引用有困难,直截了当地说,那是小农经济,不足为训。既然不能考虑,也就可以暂且放过,留待有用的时候参考。

另一个必须考虑的是语文课的性质的特殊。怎么特殊?不久前有人告诉我,说王力先生在上海说,语文可以无师自通。这是经验之谈,很对,语文的性质就特殊在这里。数理化就不然,初步的,无师自学不容易,高深的更难。语文是学语言,可讲的理不多,至少是用处不大。学是学的"习惯",比如同样的疑问句,汉语说"你是小王吗?","你是"的次序与直陈句相同,英语就不然,要说"Are you",颠倒一下。理何在?没有理,只是"习惯"。学而能成习惯,靠"熟"。熟,要靠自己动口,自己动手,"勤"。勤就能学会,学好,不勤就不成。这个意思已经说过多少次,因为总有人看作老生常谈,不重视,所以想再唠叨一次,举两种性质的例,郑重地证实一下。一种是很多人的经验,比如看《聊斋志异》,文言,典故多,难懂,但又喜欢鬼狐故事,爱不忍释,只好硬着头皮看,这样看多了,看惯了,也就懂了。这是偏于感性的。还有偏于理性的,比如读多了,文白都熟悉,看到"未之有也"与"未有之也"并存,知道后一种说法是错的,并能讲出一番大道理;看见"把他请""把他请来""把他坐上车"并存,知道前后两种说法都不对,也能讲出一番大道理。不管是久而自通还是能够讲出一番大道理,基础都是"熟",不是先记清知识和原则,然后用知识去分辨,用原则去衡量,判定是非。

因为语文具有如此特殊的性质,教师想要教会,教好,就必须适应这个特殊的性质。怎样适应?可一言以蔽之,要以学生的活动或说主动为主,教师的教导为辅;或者换句话说,要让学生自己走,教师在前后左右关照关照。有人也许会想，这是不是启发式？我说不是，因为启发式是先引起兴趣后开讲，以学生为主是尽量让学生去读，去写，教师少讲。我有时想，教语文（包括作文），教师无妨退居顾问的地位（自然要在识字阶段以后），比如课本上收的是范文，其中也许有难点，有就讲讲，不难的地方就少讲甚至不讲，让他们自己去读，自己体会。用这种办法教，效果就一定不如满堂分析课文的思想意义、写法特点，以及语句的语法结构吗？我看不见得，因为少讲或不讲，学生活动多，主动性大，熟的机会就多得多。课本之内是这样，课本之外（课外读物）当然更是这样。

　　说严重一点，有的教法（自然完全出于教师的责任心和积极性）是正好反过来，以教师为主，学生为从，无论课上课下，学生都随着教师的责任心和积极性团团转。比如教一篇课文，讲前要布置作业：解释生词，体会文意，等等。上课了，问词意，问文意，然后小张念了小王念。再然后是开讲，重点是分析：思想意义，篇章结构，写法特点，甚至某些语句的语法结构，等等。再其后，比如讲完了，还要布置作业，由发挥教育意义之深刻起，直到把某几个句子（多是长句）画为图解止，等等。我没有多调查研究，可是偶尔有大小孩子来诉苦，说累得要死，总是夜十时以前不能睡，却始终不知道画这样麻烦的图解有什么用，拿起笔来怎么样能够写通顺了。我同情这些累得要死的孩子。但是更同情那些使孩子累得要死的教师，因为他们不只要在堂上分析，还要在堂下写教案或变相的教案。——有个时期，教案甚至被抬举到同于演出的剧本，你上台演《游园惊梦》，就一定得唱"良辰美景奈何天，赏心乐事谁家院"，一个字不许错。如果说孩子是累得要死，教师就可以说是几乎死去了。我常常想，什么事都要问问效果，这种学生和教师都累得要死的办法，有什么效果呢？我看，最值得重视的效果是学生没有时间读，没有时间写，因而没有熟的机会，并永远不能培养成为熟和通之基础的读写兴趣。要熟，要通，至少我个人想，办法要反过来，让学生自己去活动，多读，多写。有的人也许要担心，就拿读说吧，学生自己读，不懂，体会不深，甚至理解错了，怎么办？我的想法，这毫无关系，读多了自然就懂了，体会深了；退一步说，理解错了又有什么值得大惊小怪？教师又何尝不可以理解错了？语文专家又何尝不可以理解错了？何况错误总会随着读得多而逐渐减少，这就好。总之，原则是，如果"多"和"确"不能两全，那就宁可抓紧"多"，把"确"放松一些。这种办法的附带收获是：学生有了自由甚至兴趣，在读写方面可以自己调节，不至累得要死；教师呢，也可以活动一些，不至于长年背诵"良辰美景奈何天，赏心乐事谁家院"。自然，最重大的收获还是熟能生巧，虽"有"师而"自"通。

有的人也许会想，我的设想是让学生走放任的路，教师睡大觉。其实不然。专就教师说，他的工作只是变机械为灵活，担子并没有减轻，甚至更重了。为什么？因为有些重要而不容易的事，他必须做。

（1）要引路。打个比方，学生是外地的甚至外国的旅游者，想用有限的时间饱看北京的风光；教师是导游者，就必须能够说清楚，都有什么可看，看某个地方，可以利用什么交通工具，顺着什么方向走，看的时候要注意些什么，等等。教语文也一样，学生起初都是不辨东西南北的，身上背着家长的希望（变不通为通）来求学，几乎是每迈一步都要教师来指点：学语文是学什么，怎样学，怎样向前走，哪条路平坦，哪条路崎岖，最终要走到哪里，等等。再说具体一点，比如学生拿到语文课本，或者什么课外读物，翻翻，通常会提出种种问题：这个字怎么讲？这句话是什么意思？这段话的大意是……，对吗？我不喜欢这一篇，是怎么回事？某一本我看完了，再看什么好？你的意见，我不同意，可以说说吗？等等。教师要有问必答，虽然不必担保都正确，却要言之成理，使学生心服；更重要的是要有助于学生顺利地前进。有时候,有的学生默默然,那表示他还没有走到能够提出问题的地点,是问题更大,这就要用到启发式,牵着他向前走,或推着他向前走。(2)还要适当地因材施教。上面提到旧时代学塾中合屋不合班的教法,现在全套引进不容易,似乎也没有必要,但适当地采用一些还是可以的,或说应该的。以读为例,不同的学生,资质不同,兴趣不同,学力也有高下之分,那就不能求划一,要读什么都读什么,要读多少都读多少;而最好是,应该吃酸的就供山楂,应该吃辣的就供青椒,只要能够吃饱了养壮了就成,食单却不要求一律,而常常是故意不一律。

(3)还要严格要求。上面多次说到自由,说到主动,这不是放任,因为它有明确的目的,是学好语文,能写通。就这目的说又没有自由,绝不放任。再说简单明快一些,是只有前进、求快求好的自由,没有踏步不进、不快不好的自由。学,未必是本能所具,因而培养兴趣并不容易。这有如上路的马,如果不好好往前跑,就不能不打几鞭子。鞭子是比喻,意思是要严格要求。这包括大大小小的许多事,只举两个例:a.限定半个月读完一本课外书,交读书笔记,某一学生到期没读完,不交笔记,决不通融,扣分不算,还要补上。b.作文,字写得既不清楚,又不整齐,或者标点马马虎虎,也决不通融,扣分不算,退回,重写。

(4)还有更根本的任务要争取完成,是引导学生,使他们逐渐培养成学语文的兴趣,也就是读写的兴趣。有了这种兴趣,鞭子用不着了,"多"和"熟"没有问题了,也就是一切都可以水到渠成。其实,所谓兴趣,同上面谈到的以学生为主、以教师为辅正是同一事物的两面或不同阶段,它的形貌的表现是师生在一起读,在一起写,在一起研讨,在一起体会,总之是在一起前进。师,也许有些白发了吧?同孩子们携手前进,是忘年交,我以为,语文课的师生关系最好是这样。

　　有问必答，因材施教，培养兴趣，携手并进，这比写教案、背教案究竟容易多少呢？——难易是小事，效果是大事，所以凡是与语文教育有关的人都应该平心静气地想一想。

三七　言教身教

　　写下这个题目，我不禁联想到许多旧事，只得先说几句题外语。教语文，正如现在大家都承认的，是高尚的事业。我当年教语文课，大致也承认这个评价。可是对这个工作一直很怕。现在回想，分析怕的原因，大致不出三种：（1）有些课文并不深，用不着发挥，却也必须虚应故事，作意深旨远的课堂八股；甚至有些课文，我觉得并不好，却不能不像作应制诗一样歌颂一番。（2）课堂作文，两周一次，百八十份，绝大多数是不很通顺的，要一字一字、一行一行地看，动笔改，费力且不说，还不讨好，改多了，学生不高兴，改少了，校长和教导主任有意见；还有，周末了，邻居夫妇带着孩子去逛市场，或看戏，我还要在灯下改，改，改，以致全家随着愁眉不展。（3）应该说是最重大的，是难得有立竿见影的效果，想起有用的精力都

194

耗在无用之地，未免寒心。我很久不登讲台了，现在用笔乱说乱道，却要谈言教身教，向仍在登讲台的语文教师提要求，所谓躬自薄而厚责于人，实在惭愧。——但是，既然要谈作文的教，有些意思又不能不说，这两难的处理办法似乎是，先交代自己的弱点，然后向现在乐于登讲台的广大的语文教师致敬，再然后是说官话，提要求。

要求是什么？很简单，是引路之前先要"识路"，或者换个说法，想要学生通，先要自己"通"。这个简单的答复过于概括，实用性不大，还要分析。多年以来，选拔人有德才兼备的说法，这里无妨就以此说法为纲，说说作语文教师，想要教好，在德才方面要具有哪些条件。

先说德。德，绝顶重要，因为缺少这个，纵使有天大的本领，不想用，就等于没有。可是关于德，可说的话不多。勉强说是：（1）要有"责任心和积极性"，也就是把教好语文当作自己的神圣事业，兢兢业业，用十分力量干。（2）最好是于责任心和积极性之外，还有"兴趣"。俗话说，好者为乐，以为乐，就像集邮家追邮票那样，前面有大力量吸引着走，比只有责任心从后面推着向前走会好得多，因为必致更快，更保险。不过严格说，兴趣不完全是德方面的事，或者说，养成之后，它可以编入德的行列；之前就不能不涉及许多德之外的因素，如语文能力的培养，语文教法的磨练等。这里不多分辨，只是强调一点，至少从功利主义的角度看，兴趣比责任心和积极性更为重要，所以无妨看作最上的德。

再说才。总的说是要"通"，并且对于由不通到通的过程，能有丰富的经验和明确的认识。通，由多少说可以包括不同的方面，如白话、文言，散文、诗歌，课内、课外，本国、异邦，等等；由深浅说可以包括不同的程度，从基本通到很通，中间可以排成一大串。也可以大致说，主要包括两项：（1）讲，课文，以及程度相当于课文或略高于课文的课外读物，不经过准备，能够理解得差不多（只有比较生僻的拿不准）；（2）写，表情达意，能够立意明朗，条理清楚，词句妥贴，语言流畅，不出现够得上错误的缺点。这是一个方面。还有一个方面，是对自己学语文所走的路，有经验，能认识，就是知道哪条路直，哪条路曲，能够引导学生走直路，不走曲路。通和经验都是引路的必要条件，有了这两个条件，就能够以身作则，通过言教和身教，比较容易地完成语文教学的任务。德和才是教好语文课的本钱，有了本钱，要做生意，也能够做生意。用旧的术语说，本钱是体，做生意是用。说到用，大到传授系统的语言认识，以及文学史、文学批评的知识等，小到分辨"己、已"的写法不同、"（名）称、（对）称"的读音不同等，情况万千，说也说不尽。为了简明扼要，以下谈言教身教的主要表现，算作举例，共有四个方面。

（一）博，或说通晓与语文课有关的各个方面。语文课是个超级市场，百货俱全。在课堂上，教师要从左丘明讲到赵树理；堂下就更不得了，教师是一个人，学生上百，二百只眼睛，二百只耳朵，什么都看，什么都听，看了，听了，有疑问，会来请教。比如课本上没有选高鹗的文章，有个学生看《红楼梦》大感兴趣，因而连带也看了《高兰墅集》，对于末尾的三篇八股文莫明其妙，于是来问究竟是怎么回事；又如课本上没有选果戈理的文章，有个学生看了《钦差大臣》的剧，对于作者大感兴趣，来问作者的情况，以及还有什么著作；等等。总之，上天下地，古今中外，学生都可能来问。当然，有些问题答不上来，应该视为常事，算不了什么；不过总不如答得上来好，因为这主要不是情面问题，而是带领学生勇往直前的问题。这就要求教师非博不可。怎样才能博，用不着说。这里要着重说明一点，就是，博，不能专吃老本，因为新的与语文教学有关的作品（由创作、翻译到讲教学内容、教学方法的）如雨后春笋，都看自然做不到，总要择要地看。

前面说过，教师和学生要成为一起读写的忘年交，其实，从另一个角度看，在读的方面，教师和学生又是赛跑场上的对手，有互相促进的作用。互相促进，就教师方面说，不进就有掉队的危险，这是从消极方面说；从积极方面说，是必须进才能当好引路人，才能很好地完成语文教学的任务。说到这里，不禁又想起前面一再表示的意思：语文教师最艰苦，应该受到破格的尊敬。

　　（二）有评价的眼力。这是个难于讲清楚的问题，或说是难于讲得使人人都信服的问题。评价要有标准。标准不见于明文规定，那就必然要来自爱好，或相当大的一部分来自爱好。这同吃馆子颇有相通之处，爱吃甜菜的进江苏馆，爱吃辣菜的进四川馆，是甜菜好呢还是辣菜好呢？只好承认公有公的理，婆有婆的理。可惜在语文课方面又不能这样抹稀泥，因为抹稀泥的办法是应指明道路而不指，听任学生瞎闯。结果是定标准难，又非定不可。怎么办？我的想法，要遵循两个原则：（1）以文的性质、目的、作用等为依据，以历代的文论为参考，定个评好坏、定高下的标准。这个意思，前面已经说过，这里只举一点点例。如就文的目的说，我们应该承认，深入浅出比浅入深出的好，因为著文的目的是把深刻新颖的情意告诉别人，使人理解；又如李白、杜甫，历代推为唐代最伟大的诗人，他们的诗作应该是上好的，所谓名下无虚士。（2）定了标准之后，用它衡量作品，要安于大德不逾闲，小德可以出入，就是说，要注意两端的（明显的好和明显的坏），放宽中间的。这样就可以避免武断，因苛求而陷于失误。有了标准，也就是有了眼力。这很重要，因为，一方面可以指给学生前进的路，读，要多读什么，不读什么，写，怎样写就好，怎样写就不好；一方面可以答复学生提出的很多有关评价的问题，这自然也是引路。有人也许会说，对学生谈评价，是不是太高了？其实是，从学生迈入语文的第一步起就离不开评价。教师是师，师是学的榜样，因而一举手一投足都会影响学生前进的方向。在这方面，实况难于多说，只举一个例。这是感触，来自涉览某日报和某晚报，那是末一版，登所谓文艺作品的地方，所刊作品的十之九是粉饰造作、扭扭捏捏、不明不白的，这显然代表编选者的眼光，是上好的文章必须是粉饰造作的。我常常想，有不少学生写文章也是这一路，除了书刊文章的影响以外，是不是还有教师的影响？记得当年我在课堂作文，自己不知道好坏，总是跟着教师的红圈走，现在回想起来，教师的尊手所指，力量竟是如此之大，实在既可感，又可怕。所谓可怕，是失之毫厘，必致谬以千里。话扯得这样远，是因为我总是有点杞人忧天，——还是由正面说吧，改善文风有许多渠道，其中语文课应该是重要的一条，而这一条能否畅通无阻，关键就在或主要就在语文教师有没有评价的眼力，能不能指引学生不走上差路。

（三）有多快好省的教学方法。教学法很重要，但是更难。比如说博，如何取得，简单明确，谁都知道；教法呢，如何能把学生教通，几乎谁也不知道。在这方面，旧时代是盲人骑瞎马，虽然也参考前人的经验，却没有科学根据，而是马融有马融的教法，二程有二程的教法。最突出的差异是教材，私塾是由"人之初，性本善"开始，改为洋学堂，是由"人、手、足、刀、尺"开始。哪一种合理、科学？很难说，因为我们还没有这方面的精确的秤；如果以功效为秤，前期、后期都有通的，也都有不通的，还是难于分是非，定高下。时至今日，还都在摸索，也有不少人写文章，大谈其理论，但是难于抹去另一面的事实，是直到现在，我们还没有找到保证学生必通的办法。难，主要是由于还没有建立这方面的科学，但也有不能不因材施教的麻烦。总之，只能试着做，不能打保票。那么，上面说要有多快好省的教学方法，这不是勉强人挟泰山以超北海吗？我的意思是有两点需要注意:(1)要重视方法,就是要经常参考各种办法,比较其异同,考察,试验,然后评定其得失,取其所长而舍其所短;(2)尤其要在实践中考察某些方法的效果,坚决舍弃那些事倍功半的,保留那些事半功倍的。教学语文,写成文字、大声宣传的方法很不少,不成文的自然更多,哪种可用,哪种不可用,说不尽是小难,说不准是大难。我的想法,是有些成为风气的方法,教师有经验,理解学生,应该以此为秤,称称它,如果效果并不佳,那就无妨反一下潮流,改弦更张,换用效果好的方法。这方面的事例也很有一些,只举一个,是用很多时间和很大力量,去分析句子结构。不只一次,有学生来找我,让我帮助他们分析句子结构,其中有古汉语,有今汉语,当然都是复杂的,或古怪的。我,因为工作需要,也搞过语法,因而知道,析句不是容易事情,常常会碰到两可的情况,如果往深处钻,就会触及语法体系甚至语法理论;尤其值得注意的是,这方面的举措,理论价值不小而实用价值不大。例如汉语一般是动在宾前,宾语多是名词性,可以算作规律吧?可是你能根据它,断定"解决问题"对,"解放问题"错吗?据说,大量析句在语文教学中很时兴,不少谈语文教学的文章也在堂下敲锣打鼓,可见已经成为风气。我没有多调查研究,只说这些来求助的学生,他们都被主谓宾补定状等术语折磨得头昏脑胀,而效果呢?只是一句简单的文言,不会讲,拿起笔,连便条也写不清楚;想用力学,读,写,时间都被主谓宾补定状占去,没办法。效果是重要的,因而方法是更加重要的。我这里不想多说某某方法的短长,只是希望语文教师重视方法,随时用效果来检验,以期不把学生引上差路,至少是差也不至太远。

　　(四)以身作则。常言道,言教不如身教。希望学生对读写有兴趣,先要教师对读写有兴趣。最好是读和写,教师都占先,至少是并肩前进。成语"潜移默化"的道理很重要,比如写字,如果教师所写既不整齐,又不清楚，当然就难于要求学生写得整齐清楚，这是往另一方向移，化，所谓上梁不正底梁歪。

以上四个方面，都做到，确是不容易。但要教好，又非此不可。事实是，不少乐于以教语文为事业的教师，经过锻炼、摸索、试验，早已做到了。可见这个目标不是高不可及，而是有志者事竟成。

三八　课内和课外

　　前面说过，语文课性质特殊。这特殊表现在"熟"是根本，"知"是枝叶；或者从反面说，单是"明白了"用处不大，重要的是有了情意，"不费思索"就能够恰当地表达出来。这性质的特殊规定了学的方法，也就规定了教的方法，简单说是必须有利于"熟"。熟要靠多方面的条件，就活动的范围说，是既要重视课内，又要重视课外。

　　提起课外，我想先谈点个人的经验。那是远远的以前了，我在农村上小学，除了秀才老师晚上偷讲半本《孟子》，共和国教科书《国文》开头的"人、手、足、刀、尺"以外，语文课学了什么都不记得了；没忘记的却是课外偷闲看的各种小说，由《三国演义》到《济公传》，不论堂皇的还是荒唐的，都看。中学时期，课堂听了什么，也是一点印象都没有了，只记得很长时期管理图书馆（规定由学生管），于是常常坐在书库里翻阅新文学作品，由鲁迅、郁达夫，直到叶灵凤和徐枕亚。上了大学，讲课的都是知名人士，可是课不多，于是大部分时间就坐图书馆阅览室。这回像是搜查遗产，由《易经》到《人境庐诗草》，都想看看是什么宝贝。因为没有计划，浪费时间不少；但是平心静气地回顾一下，总当承认，自己能够勉强写通文章，主要还是得力于课外。我，可不在话下；许多大作家，就说鲁迅先生吧，《日记》具在，可证写作本领不是来自三味书屋，而是来自课外。这里说这些闲话做什么呢？是因为有不少人，学语文，总是寄全部希望于课内，因而也就忽略了课外广泛地读，大量地写，而矫枉必须过正。——过于颂扬课外也是枉吧？所以这里想谈兼顾，是既在课内用力，又不放松课外。

课内怎样教，由秦汉的博士起，到今天的语文课止，方法，形式，理论，实验，多得很。应该承认，都或多或少地有成效。为了不岔入歧路，专说现在，也应该承认，还没有个有保证的十全十美的办法，因为有不少学生，到毕业还不能符合要求，即作文能够通顺无误。教法，甚至从概括的要求方面说也不容易规定，例如，会有不少人认为，应该是透彻理解课文，并能分析语句结构。这不对吗？当然不能这样说。但我总觉得，单是这样还不够，因为还不能保证"熟"，甚至未必有利于熟。熟，要靠多读多写，也就是要多靠学生自动；着重理解课文，分析语句，是偏于被动的"记"，这对于熟似乎没有多大助益。

教师是引路人，所谓教得好，就是能够引导学生走上一条路，这条路能够保证学生多读多写（即多自动），因而能熟。如果承认这是个可遵循应遵循的原则，课内怎样教就容易设想了。

（1）先由概括方面说是，凡是靠学生自力能够明白、能够做的，教师应该少插手。例如一篇用现代语写的课文，主旨浅明，词句通俗，学生理解毫不费力，就可以少讲，甚至不讲，只指导他们怎样读就过去。这样节省不少时间，可以多读些别的。有人也许要担心，这样做，有关的人，如学生、学生家长、学校领导，不会说教师不负责吗？依照旧框框，很可能这样说。我以为，这关系也不大，反正将来有效果证明；并且，必要的时候还可以据理解释，说这有利于学生多读多写，是更负责。

（2）但是也要讲。讲什么？多年来我总以为，语文教师的最大职责是引路，走要学生自己迈步；但怎样迈步，学生未必清楚，所以还要教师示范。示范是举例，所以应该把讲看作举例，也就是希望学生能够闻一以知十。举例的讲法包括四种内容。a. 讲难的。例如文言，一般说，比较难，白话的，如鲁迅作品，常常有难点，都要讲。这类讲的作用，对现在说是变不懂为懂，对将来说是立升高的阶梯。b. 讲好的。有人说，课本所选都是好的。如果真是这样，那就改为讲上好的。这很重要，但是难于说得铁板钉钉。文章千古事，得失寸心知，但教师无妨把自己的寸心所知说给学生听听。这主要是两方面：一方面，如讲某一篇，教师推为上好的，应该讲清楚好在哪里；另一方面，可以比较，如某篇高，某篇差些，也要说清楚是为什么。很明显，这是引导学生磨炼眼力，以便他们渐渐能够自己往前闯。自然，评价，不容易，而且难保不错误；可是，既然要引路，就不能不勉为其难。c. 到适当的时候，比如学生已经有相当的语文水平，碰到机会，可以讲点坏的。这有两方面的用处：一方面，可以让学生更清楚地认识，好之所以为好，坏之所以为坏；另一方面，认清了，才可以更坚定地不走上差路。d. 连类而及。比如讲了上好的，学生有兴趣，就可以告诉他们，像这样上好的，同一作者的，不同作者的，还有哪些，可以找来读；讲到写法的某某方面，就可以引导他们顺着某一条路，也写。总之，讲要不停止于讲，而要扩大学生的读写面，并引导他们走正路，走近路。

（3）还可以离开课本，讲些像是闲话的非闲话。语文，牵涉的面很广，为了扩大读写面，尤其为了充实思路、磨炼思路，几乎无不可谈。比如说，学生（无论课内课外）可能提问，如果这个问题是与语文有密切关系的，就可以顺水推舟，给全班讲一讲；又如教师看到报刊上有一篇文章，值得学生读，就可以用一些时间，大致介绍一下；等等。总之，只要有利于学生迅速前进，都可以灵活运用。

（4）这种灵活的办法当然也适用于作文课，这在前面谈课堂作文的时候已经说过，不重复。

（5）要鼓励学生勇于独立思考。这突出的表现是，教师所讲，学生可以抱怀疑态度，甚至提出不同看法。同教师唱对台戏，这可以吗？我认为不只可以，还有很多好处。俗话说，有状元徒弟，没有状元老师。人不能全知全能，教师自然也会错，这一点先告诉学生，偶尔错了，就都觉得无所谓；并且多数不错，态度坦荡荡，反而能够取得尊重。这是消极一面的好处。重要的是积极一面的，是有助于学生大踏步前进，因为独立思考既是多读多写的结果，又是多读多写的动力，这个互相促进的过程同时还是锻炼思路的过程，总之是学好作文的必要条件和充足条件。

以上是说课内。以下说课外。学生不只学一门课，课外时间当然不能都由语文课占用。但语文课应该分得一份，或者还是比较多的一份。怎么利用？原则容易说，好好利用，学好语文。显然，这个原则过于原则，没有实用价值，因为从那里出发，可以走往截然不同的方向。举我不久前亲见的事为例，两个年轻人，都是来问夜大学的文言习题的，一个题是指出某一篇中的词性活用，并说明原是什么词，这里活用为什么词，另一个题是分析某一段所有句子的结构。这会有什么用处呢？恐怕唯一的用处是占去所有的课外时间（或者还要侵略其他课），而所得不过是累得要死。因此，利用课外时间，原则应该具体些，不只规定要走，还要大致规定往哪个方向走。简单说吧，是要有利于多读多写，有利于熟。

我的想法，教语文课，上课照本讲，下课留习题，作文，到时候出题，到时候批改完发还，是个容易走的路（不是说不劳累）。原则改为有利于多读多写，有利于熟，情况就大变。可以想见的要做以下这些。

（1）培养读写的兴趣。这要引导，不只讲道理，讲读法写法，有时甚至还要把可读的作品送到眼前，可写的机会送到手下。还要有耐心，因为这类兴趣绝不能一蹴而就，又学生的资质不同，爱好不同，有些就是慢，所以要等待，在想方设法之中等待。

（2）引导，寄大希望于兴趣，如果学生（可能是少数）引而不前，兴趣总是很微弱，怎么办？这在上一节已经说过，为了学通，必须严格要求，使他们只有前进的自由，没有不前进的自由。办法是拟定周密的读写规程，比如某一时期内要读完什么，每天要写日记之类。当然，规定要实事求是，不可超过学生力之所能及。

（3）还要兼顾因材施教的原则。一班几十个学生，以语文程度和语文兴趣为尺度排队，可能多数排在中间，少数排在两端；两端，一端高，一端低。高，胃口大，消化快，自然要多吃；低的相反，要少吃。为了适应不同的情况，讲，以及读写的要求，都要有分别。这种类似旧时代学塾的教法，教师自然要多费力；不过为了对症下药，有成效，也只得勉为其难。

（4）多创造、多利用读写的机会。这方面的办法，有些是固定的，更多是随机的，说也说不尽。比如可以协助学生成立读书会，办墙报，这是固定的。随机，机无限，比如同学生一起逛大街，听见路旁一个人形容热闹说，"真是车如流水马如龙"，就可以告诉学生，这是李后主《望江南》词里的句子，李后主做皇帝不成，词却写得好，愿意读，可以找来看看，专集有什么本子，选本可用什么。写的机会也多得很，比如报刊征文，可以鼓励他们写了应征；甚至班上有什么事需要教师写个通知，就把这个任务交给某学生代办，等等。

（5）同学生多接触，多交谈，在接触和交谈中建立共读共写、并肩前进的友情。这方面的活动很重要，因为，如果处理得当，一切教学要求都可以在这种过程中完成；尤其是读写兴趣，在这种活动中培养总是比较容易。记得当年读英国归纳逻辑大师穆勒（严复译名）的自传，书中记他小时候随着老穆勒散步闲谈的情况，老的问他对于某种道理的看法，他说："爸爸怎么看？"老的说："你不要听我的，我的可能不对。"又一次，他已经将近成年，老的问他某期刊登的评论老的政论的文章，他看过没有。他说看过。老的问他的意见，他说有几点他觉得不对。老的说："我很忙，那你替我写一篇反驳文章吧。"我一直觉得，穆勒的成就，有不少是从闲谈中受的引导启发来的。这种情境，如果能够移用于语文课，不是很好吗？

上面说了不少要这样做，要那样做，似乎完全没有顾及教师的负担。如果真是超过教师力之所能及，那我说的就是离开讲台之后的风凉话，成为《画梦录》了。不过，话又说回来，语文课，如果想教好，学生学通，至少由我看，不画个梦又实在不成。那么，不得已，只好把前面说过的话再说一遍，勉为其难吧。

三九　作文批改

　　前面说过，我当过语文教师，怕教语文课。现在回想，怕的主要原因是不愿意批改作文。这倒不是由于厌恶劳累，而是一直感觉到，时势要求精批细改，费力很多而收效很少，不值得。有什么办法可以费力不多而收效不少吗？自然很难。不过，分析收效很少的原因，认清了病，即使头疼医头，脚疼医脚，求略有好转还是可能的。因为相信有此可能，所以决定最后再诞妄一次，说几句有关难治之症的处方的话。

　　据我所知，对于批改作文，有不少语文教师感到头疼。这里无妨从头疼说起。感到头疼，原因很多，大致有以下这些。

　　（1）太费力。我没有为调查作文出去过，可是常常听到调查过的人说，也看过一些征集来的作文本（中学生的），有不少确是质量很差。甚至字不像字，标点不像标点，错别字，用词造句错误，到处都是。浑身是病，即使你是医道高、责任心强的医生，看见能不皱眉吗？这种烦恼，凡是教过语文课的人都领略过，不必多说。

（2）难于改得恰如其分。有错误要改，要批示，怎样改、怎样批示才算好？一般的看法是精批细改才好。怎样算精细？精细就一定好吗？比如错别字，只是指出，让学生自己改，算不算精细？种种问题，稳妥的解决办法不好找，为其基础的理论更难说。

（3）翻来覆去，难免厌烦。批，改，一般是两周一次。作文的水平相同或相似，批就不能不老调重弹；错误相同或相似，改法也就不能不老调重弹。这样，不要说学生觉得不新鲜，连老师自己也难免烦腻。

（4）最要命的是多半没有成效。作文提高要靠很多条件，我的看法，批改是其中不很重要的一个；何况所批所改又未必得当，还有，学生又未必注意，牢记于心。

（5）难于做到人人满意。求学生满意是不容易的：改少了，他们会以为不负责，甚至把作文不能提高的原因完全推到教师身上；改多了，自信心强的学生会以为不识货，吹毛求疵。学生家长和学校领导经常是一派，总嫌改得还不够多，批得还不够细。这种种意见会形成一股力量，像泰山一样从头顶上压下来。想支撑住，唯一的办法还是精批细改，不管有用没用，反正可以躲开偷懒的指责。其结果，很明显，就是天天晚上伏在案上，批批批，改改改。

（6）有个别教师，自己水平不高，还要加上两种麻烦：a. 对错好坏看不出来或拿不准，自然不知道应该如何批，如何改；b. 如果还不愿意别人知道自己水平不高，这就最容易事与愿违，因为批改要动笔，动笔是变相地立字据，等于让人家录了像，面容不美就再也瞒不住，不像讲课文，可以东拉西扯，暂时遮掩过去。

不过，不管头疼不头疼，到目前为止，我们还没有想出不用作文课的学作文的方法，因而也就不能不批改。解决问题的办法只能在批改之"内"想。还要批改，求完全不头疼大概很难，因为，如果在作文质量的提高方面还不能出现奇迹，有些麻烦事就总会遇到。不得已，只好退一步，决心不怕麻烦，只要能够有成效就好。这办法是什么呢？

这里先要交代一下，就是刚才说过的，作文能通，要靠很多条件，读，写，教师讲、指导，等等，都是；批改作文只是其中的一个条件，而且不是最重要的。因此，以下谈作文批改，说怎样怎样效果可以好些，是假定其他条件都已经具备；如果不具备，靠作文批改单干，那一定是收效甚微的。记住这个先决条件，以下可以言归正传，说说有关作文批改的我的一些想法。先说总的原则是：不死抱着这棵歪脖树上吊；如果需要批，需要改，要有的放矢，箭不虚发。下面分几项说说办法，以及这样做的理由。

（1）学生多写比教师多批改重要。多写是作文通顺的重要条件，前面已经说过多少次，不重复。教师要多利用这个因果规律，想尽办法，引导、督促学生多写。如果这方面做得好，比如说，学生有了写的习惯和写的兴趣，那就可以一帆风顺，水到渠成，教师不把教作文的重点放在批改上也未尝不可。

（2）不必有作必批改。这有两种情况：a. 假定学生已经培养成写的兴趣，有了随手涂抹的习惯，其结果自然是习作很多。数量相当多的习作，能够从教师眼前过一下有好处，因为可以了解学生，教学心中有数；但都批改有困难，时间不允许，那就可以不改，像御批"知道了"，画个看过的记号发还。b. 有的作文平平，优点缺点都不显著，改不改关系不大，教师为了节省精力，做其他比较有用的工作，也可以不改，画上记号（或兼评分）

发还。

（3）可以靠自力尽量靠自力。缺点，错误，有些是学生自己能够补正的，教师最好不代劳。譬如说，小的，如标点不清楚，大的，如应分段而不分段，都是学生力之所能及，与其教师动手改，就不如要求学生自己改。要求学生自己动手，是给他们锻炼思路的机会，培养做事认真的好习惯的机会，所以外表是不改而实质是大改。

（4）可以重点批改，不全面铺开。举两种情况为例。一种是指路性质的。不久之前，有个学生写了一篇"春节之前"，拿来给我看，文字通顺，条理清楚，只是记叙一个时期的生活，平静客观，有如记账。我一个字没改，只是告诉她，大缺点是没有情趣。要写自己有感触、估计别人看了也会受感动的；这就牵涉到选材问题，要有取有舍，取舍的标准还是情趣。她听了，说完全明白了。我觉得，这个办法（不说，批在作文上自然一样）的效果，比精批细改、面面俱到会好一些。另一种是治病性质的。有的作文浑身是病，都治，接受治疗的人会感到头昏脑胀，就不如先治严重的。比如同时有词句不通和条理不清两种缺点，而前者更明显，更厉害，就可以暂且放过后者，只在词句不通方面着重批改。

（5）批，指点优缺点以及改进的办法，都要明确具体，避免大而无当，虚应故事。回想当年我上学作文受人之批，以及后来作教师批人之文，都有不少是支撑门面、虚应故事的，如"大有进步""尚须努力"，甚至"叹观止矣""功亏一篑"之类，不要说学生不知何所谓，就是教师自己，想来也不知道究竟想让学生做什么吧？不知而还要做，我以为这是旧时代塾师批八股文习作的遗风在作祟，不批就不足以显示塾师的高明，或退一步显示认真负责。现在，我们应该用实事求是的精神铲除这种遗风，应该相信，作文教得好不好，与加批不加批毫无关系。这之后，我们就有了批不批的自由：有必要就批，没有必要就不批。

（6）批改要有针对性。关于作文批改，这个针对性原则最重要，所以要多说几句。批，改，不同的人有不同的看法，不同的习惯（多少，何轻何重，粗略细致，等等），不同的水平（由精确到不妥甚至错误），这里为了问题单纯，只说那些一般的，即批改得精细或相当精细的。先举个突出的例，什么时候，什么人，都忘记了，只记得是一篇红格纸竖行抄的作文，教师改得特别细，原作的文字保留很少，两行之间密密麻麻，都是教师的改作。读读，教师的改笔确是比原作高得多，可惜的是，与原作的关系也成为风马牛不相及。我当时想，教师这样费力，效果究竟是什么呢？恐怕只是原作者的莫明其妙。这种费力不讨好的做法就是没有针对性。目前，像这样远离原作另来的改法总当很少了，但认真负责，努力求好，精雕细琢，以至像是在学生作文本上大显文才的改法，或者这种精神，我想还是有的。对于这种精神，人人都会钦佩。不过钦佩是一回事，效果是另一回事。为了教好学好，效果应该比动机更受到重视。批改作文，想要有高效，我以为必须顾及针对性。所谓针对性，可以从浅深两个方面说。a. 浅的，所批所改要接近学生的程度，其内容要是学生能够领会、能够吸收的。比如说，教师笔下很有本领，对学生某一不妥的语句，设想有两种改法，一种只是变不通为通，另一种却变不通为高妙，如果估计第二种改法学生不能领会，那就宁可用前一种改法。这样做，学生能够消化，比丈二金身，摸不着头脑好得多。b. 深的，最好能够抓住关键问题，相机指点，让学生有恍然大悟的感受。古人有些改文的故事可以清楚地说明这种情况，只举两个例。一个是晚唐的，和尚齐己作早梅诗，送给诗人郑谷看，其中"前村深雪里，昨夜数枝开"，郑谷改"数枝"为"一枝"，齐己大为佩服，至于叩头感谢。另一个是北宋初年的，张咏，作过高官，刚正傲慢，连名宰相寇准也看不起（讽刺他不学无术），写了一首诗，其中有句云："独恨太平无一事，江南闲杀老尚书。"诗稿放在案上，萧楚才看见，把"恨"字改为"幸"字。张咏发现有人改他的诗，大怒，把萧楚才叫来责问，萧说："与公全身。公功高位重，奸人侧目之秋，且天下一统，公独恨太平，何也？"张咏恍然大悟，也下拜感谢。批改作文，最好也能够这样，所谓搔到痒处，触到疼处，教师费力不多，学生却可以举一反三，一通百通。

（7）即使只有小的优点，不大的进益，也要鼓励。这有利于培养写的兴趣，所以很重要。有少数教师，自己高明，常常用衡量自己的尺度衡量学生，又急于求成，恨铁不成钢，因而翻开作文本就觉得毫无是处，张口东不对，闭口西不对。这时间长了，很容易使学生灰心，甚至破罐子破摔，撒手不干了。

（8）批改也可以灵活多样。办法，形式，都可以随机应变。作文本之内，可以动笔，可以不动笔；动笔，有话则长，无话则短：这刚才已经说过，不重复。作文本之外，比如说，指导作法，谈论优缺点，可以在堂上，也可以在堂下；可以对一个人，也可以对全班。又比如给学生讲，可以扣紧题目（学生作文）说，也可以离开题目（如介绍作文知识）说；可以自己说，也可以大家随意说。总之，只要有助于学生理解、进步，都可以灵活。

以上一些想法，总的精神是：多动笔与少动笔之间，或说精批细改与有重点、有针对性的批改之间，我是舍前者而取后者。这样做，大获得将是两种：一是效果会比较好，二是教师的负担会减一些，至少是松动一些。值得担心的只有一点，批改少了，或者一部分作文批改少了，有关的人不会怀疑教师懒怠或马马虎虎吗？我的想法，如果貌似懒怠的办法真能够行之有效，那就不必因避嫌而放弃实效；何况还可以从积极方面解释，讲道理，举实证，渐渐取得多数人的承认是不会很难的。

四〇 漫笔欣赏一

一般人各有专业，于专业之外，有时想欣赏一些我国的古典名著。然而这类作品浩如烟海，有不少并且内容繁多，如《史记》一百三十卷，《昭明文选》六十卷，不但分量太重，而且常常古奥难解，想看而难得其门而入是个矛盾。解决的办法是读选本，甚至只读其中的个别名篇。这类名篇，且不算诗词曲，差不多都是有主题的大篇章，用现在的话说是命题作文，或标题作文。有标题，要扣紧主题写，虽然在取材、布局、措辞等方面可以灵活，却大致要遵守个规程。重要的规程有两种：一是体裁方面的成例，就是说，写赋要像赋，写论要像论。二是篇幅方面的成例，就是说，体格要完整，布局要得体，合乎起承转合之类的板眼。这类标题文章几乎都是正襟危坐写出来的，其中可欣赏可学习的地方自然不少。不过我们读文言作品，如果总是在这个圈子里打转转，那就嫌不够，说严重一点是会有所偏，会丢掉许多同样值得欣赏值得学习的作品。

所谓同样值得欣赏值得学习的作品，指的是"随笔""杂记"之类。这类作品绝大多数不是立意作文，当然也就很少先标题目，而是作者在日常生活中有所遇，有所感，有所思，并一时有兴致，愿意把这短时间身心活动的痕迹留下来，于是拿起笔，顺着思路，行云流水，从有兴致的地方起，到兴致削弱的地方止，而写成为一篇小文。这类非命题，至少是不先有标题的作品，缺点像是形体零碎，不衫不履，而优点也正是规格不严，随心所欲。因为这样写，作者不大有以文章建功立业的动机，从而就少盘算，不趋避，成篇之后就意境更真实，辞章不造作，读者读了会感到与作者更接近，受到的感染更深切。

这类作品也是古已有之，如《史记》记事后的"太史公曰"就是。不过发扬光大还是到中古，尤其是后来，其内容和名称各式各样，如"笔记""随笔""杂录""札记""题跋""诗话""词话"以及"日记"和书信中的"小简"等都可以算在内。这里为了以一名概其余，统称之为"漫笔"。

漫笔，不同的体裁自然也有不同的写法，如题跋不能离开所题的事物，日记必须记当日的事。但有个共同点，一般是篇幅不长而形体多变。这种貌似不严整甚至不严肃的文章有什么优点呢？这可以从两个方面看，一是文章本身，二是读者。

先谈文章本身。这又可以分为形体和作用两个方面。由"形体"方面说，漫笔的优点不过是两个字，"灵活"。这不是标题作文，因而内容和体制就没有过多的限制。通常是由触景生情来。景是碰巧的经受、见闻，千变万化，因而文章就上天下地，无不可谈。谈什么，不谈什么，以思路为引线，由兴致定取舍。这里面当然还有作者的修养，笔下的神奇。于是乘兴而来，不拘陈规,由甲及乙,藕断丝连,兴尽便戛然而止。这样写成的文章,经常是篇幅短小,内容精粹,格局多变化,气韵富有诗意。

由"作用"方面说,这类文章的优点是更容易表现作者的个性。我们常说,文章是表达作者的思想感情的,其实这句话并不完全对,比如汉朝夸耀名都的赋,后代很多吹捧活人的寿序,吹捧死人的墓志铭,以及所有代圣贤立言的八股文,就并不表达作者的思想感情。文章当然以能表达思想感情为上,因为它可以把作者的真情实理告诉别人。从这个角度看,漫笔应该算是上好的文章,即使看来气派不够大,面孔不够庄重。

再说从读者方面看,也可以分作两个方面,一是欣赏,二是学习。

先说"欣赏"。上面说过,这类文章的内容和形式有不少优点,优点多自然宜于欣赏。加深一步追求,又不只是欣赏,西方哲学家笛卡尔说过一句很有意思的话:"读好书像是同高尚的古人谈话。"漫笔这类文章表现作者的面目最真切,我们读它,常常会有面对古人的感觉,那么所得也就在欣赏之上了。

再说"学习"。现在当然不要求用文言写文章,不过文白是一理,读某种作品多了,熟了,在写法上受到感染,有所领悟,吸收到自己的笔下,不只是应该的,而且是必然的。这又可以分为低和高两种意义。所谓低是学它的灵活,体裁多样,题材多样,笔法多样,天地广阔而限制少,容易入门。所谓高是兴至提笔,信手拈来,像是毫不检点,成篇后却完全合乎法度,这用旧话说是"从心所欲,不逾矩"。如果能够这样,所得又不只是欣赏几篇文章了。

上面是概括介绍漫笔的性质。为了欣赏,我们自然要找一些作品来向大家介绍。这类作品很多,作为举例,只选五篇:一、苏轼的一篇游记,二、黄庭坚的一篇题跋,三、陆游的一篇日记,四、归有光的一篇小简,五、王士禛的一篇诗话。这一讲介绍前两篇，下一讲介绍后三篇。

第一篇是从苏轼的《东坡志林》里选来的，题目是《游沙湖》。文字是这样的：

> 黄州东南三十里为沙湖，亦曰螺师店。予买田其间，因往相田得疾，闻麻桥人庞安常善医而聋，遂往求疗。安常虽聋而颖悟绝人，以纸画字，书不数字辄深了人意。余戏之曰："余以手为口，君以眼为耳，皆一时异人也。"疾愈，与之同游清泉寺。寺在蕲水郭门外二里许，有王逸少洗笔泉，水极甘。下临兰溪，溪水西流，余作歌云："山下兰芽短浸溪，松间沙路净无泥。萧萧暮雨子规啼。　谁道人生无再少，君看流水尚能西。休将白发唱黄鸡。"是日剧饮而归。

文章相当短，不足二百字。作者苏轼，字子瞻，号东坡，是北宋后期天才最高成就最大的作家。他为人方正坦率，因而在官场多次受打击。这篇《游沙湖》是他贬官黄州期间写的，大约在宋神宗元丰六年前后。黄州，在现在湖北省黄冈市。

文章由到沙湖相田写起，相田就是看看田地好坏。为什么要买田呢？因为贬官的生活很穷苦，要自己种田增加点收入。相田得病，当然要求医，于是写到庞安常。庞安常名安时，黄州附近蕲水县人，是当时有名的医生，不只医道高，而且有不少医学著作，《宋史·方伎传》里有他的传。得病求医，这平淡无奇。但笔锋忽然一转，像是平静的水面忽然掀起波涛，变为写异人异事：一方用手代口，另一方用眼代耳。这样一来，静的动了，枯燥立刻变为风趣。以下病好了，与庞安常难免有些交往，但作者披沙拣金，只写同游，于是毫不费力地开辟另一个天地，清泉寺。游清泉寺，笔法尤其值得注意。照常规,重点要写殿堂、佛像等等,尤其不能放过王逸少,也就是王羲之的洗笔泉,可是偏偏略过,而写似乎关系不大的寺外小河,兰溪。写兰溪也不是正面描画,而是取新奇而舍一般,只抓住"溪水西流"。接着由向西流像是不得不然地生出妙文,一首《浣溪沙》。这首词意境优美,语句清新。分上下两片。上片前两句,"山下兰芽短浸溪"写溪内,清浅的水中有兰草;"松间沙路净无泥"写溪外,湿润的沙地上有松林。这是照相式地写景,即使像,终归是身外的静物,可能不关痛痒,于是紧接着加了第三句,"萧萧暮雨子规啼",身外的景物有了情分,活了。我们都知道,子规是杜鹃,杜鹃啼血是愁苦的象征,在这样的景色中有杜鹃啼,而且是在暮雨中,人的心情就可想而知了。我国文学评论认为"情景交融"是写作的高妙境界,以上三句由于第三句用了暮雨鹃啼一点染,正是到了这个境界。以下转入下片三句,依照常规,要用另一种题材,或从另一个角度,进一步描述上片的意境。可是万没想到,竟转了个一百八十度,换为写旷达。"谁道人生无再少,君看流水尚能西",意思是长葆青春并非不可能,那就没有愁苦的必要了。因为是这样,自然值得深入一步说,这照传统习惯,最好是引古典,于是借来白居易诗,可是用反意,说:"休将白发唱黄鸡",不要在老年时期歌咏青春易逝的诗,轻快地作了结束。白居易的诗题目叫《醉歌》,是做州官时写给歌妓商玲珑的,内容是消极的,其中有这么几句:"黄鸡催晓丑时鸣,白日催年酉时没。腰间红绶系未稳,镜里朱颜看已失。"说黄鸡催晓,白日催年,时间过得太快,富贵和青春一转眼就丧失,总之是人生如梦,好景不长。苏东坡这里引其诗而不用其意,见识显然高一筹,真可说是出奇制胜了。到此,景和情都写完,可是游玩的历程总嫌过于简略,所以歌之后加一句"是日剧饮而归",尽情喝了酒,其中自然有不少周旋,不少欢乐,这都留给读者去想象,也就是常说的余韵不尽了。

以上按原文次序谈了语句的意义以及各部分的写法特点。为了更深入地欣赏，还应该从整体看看。有两点值得注意：一是文笔的灵活自然，二是见识的不同凡俗。先说文笔，是以兴致为准绳，能够巧妙地选材、布局，随心所欲地描绘。笔锋所至，好像没有计划的散步，沿路前进，并漫不经意地走上另一条岔路，有所遇，兴致高就多看，兴致低就少看或不看，兴尽而止。这样行所无事，写出来却简练而美妙，真可说是出神入化了。再说见识，贬官受气是苦事，可是文章到处流露出，作者看得开，顶得住，能够随遇而安，心境坦然。这种旷达的态度，一方面是自己涵养深厚的写照，一方面是对于朝廷不合理的处置的嘲讽，与怨天尤人、痛哭流涕的乞怜态度正是不可同日而语了。《游沙湖》这篇短文就谈到这里。

第二篇是从黄庭坚的《山谷题跋》里选来的，题目是《跋子瞻〈木山〉诗》。文字是这样：

> 往观明允《木假山记》，以为文章气旨似庄周、韩非，恨不得趋拜其履舄间，请问作文关纽。及元祐中，乃拜子瞻于都下，实闻所未闻。今令其人万里在海外，对此诗为废卷竟日。

这一篇更短，不足七十字。作者黄庭坚，字鲁直，号山谷，也是北宋后期的大作家。他和苏东坡是好朋友，遭遇也相似，多次被贬到边远地区做小官。本篇提到苏东坡在海外，显然是宋哲宗元符初年，苏东坡被贬到海南岛时期写的。那时候，黄山谷被贬为涪州别驾，住在戎州，这两个地方都在四川，离海南岛很远。两个人相距如此之远，又都不得志，所以看到苏东坡的《木山》诗，不由得产生思念之情和感慨，写了这篇跋。文中的明允是苏东坡的父亲苏洵，也是著名的古文家，他有一座残木形成的具有三个山峰的假山，于是写了一篇《木假山记》。文章是以物寓理的写法，理是赞叹残木饱经患难后能够独存。当时的著名诗人梅尧臣看见这篇文章，写了一首歌咏的七言古体诗。后来苏东坡的侄子苏千乘得到一座有五个山峰的木假山，于是苏东坡用梅尧臣诗的原韵为侄子写了一首《木山》诗。这首诗的序提到他父亲写《木假山记》，所以跋从苏洵及其《木假山记》写起。写苏洵，着重抒发景仰之情：认为文笔高妙，像古人，所以当年想拜为老师，学写文章的诀窍。履、舄都是鞋，在履舄间拜，比说到跟前行礼更文雅，更形象，可是没做到，所以说"恨不得"。这"不得"是引线，要用它引出"得"来，就是到宋哲宗元祐年间，在汴京得与苏东坡交好。这时期，苏做翰林学士，黄做史馆的官，来往频繁，由黄方面看是所得出乎意料的多，所以说"闻所未闻"，隐含着比拜见老苏收获更大的意思。行文到此，心和笔都集中到苏东坡身上，于是水到渠成，不能不想到，这样高尚的人竟流放海南岛，还有什么话可说呢？伤心到了极点，所以"废卷竟日"，连书也看不下去了。这样陡然结束了全文，是种种情怀读者自可意会的写法。意会什么？有明暗两面：明面是苏东坡的悲惨遭遇，暗面是自己的悲惨遭遇，千头万绪，正是一言难尽了。

这篇短跋，就写法说有两点值得注意。一是题与文的关系。无定法，在题与文的关系方面也可以灵活：大题可以小作，小题可以大作；文与题可以明连，也可以暗连；可以扣紧题目写，也可离开题目写。这篇跋是离题的写法，说跋《木山》诗，文中却没有评论诗的什么话。可是你说他走了题吗？又不然，因为文中的种种情怀都是"对此诗"而生。这就是既远在天边，又近在眼前，不即不离的妙笔。二是内容以抒情为主线。字面是叙事，着重表达的却是浓厚的感情。篇幅不长，可是字里行间饱含着作者的眼泪，我们读了反而觉得内容很重，这就是用小本钱做了大买卖。文学艺术的种种形式都要求轻轻点染而有无穷韵味，本篇正是这样的大手笔。《跋子瞻〈木山〉诗》这篇短文就谈到这里。

四一　漫笔欣赏二

　　这个题目已经讲了一次，先概括地谈了漫笔的性质及其优点，接着介绍了两篇短文，苏东坡的一篇游记，黄山谷的一篇题跋，算第一讲。为了多举些例，以便比较清楚地了解漫笔的情况，这次再介绍三篇，也就是第三、第四、第五篇，算第二讲。

　　第三篇是从陆游的《入蜀记》里选来的，这是一天的日记，没有题目。文字是这样：

　　　　十四日，晓，雨。过一小石山，自顶直削去半，与余姚江滨之蜀山绝相类。抛大江，遇一木筏，广十余丈，长五十余丈。上有三四十家，妻子鸡犬臼碓皆具，中有阡陌相往来，亦有神祠，素所未睹也。舟人云："此尚其小者耳，大者于筏上铺土作菜圃，或作酒肆，皆不复能入夹，但行大

221

江而已。"是日逆风挽船,自平旦至日昳才行十五六里。泊刘官矶旁,蕲州界也。儿辈登岸,归云:"得小径,至山后。有陂池渺然,莲芰甚富,沿湖多木芙蕖。数家夕阳中,芦藩茅舍,宛有幽致,而寂然无人声。有大梨,欲买之,不可得。湖中小艇采菱,呼之亦不应。欲更穷之,会见道旁设机,疑虎狼,遂不敢往。"刘官矶者,传云汉昭烈入吴尝舣舟于此。晚,观大鼋浮沉水中。

这篇日记是记一天的旅途所见,在日记中篇幅算是较长的。作者陆游,字务观,号放翁,是南宋初的著名爱国诗人。他于宋孝宗乾道五年受命任四川夔州通判,因为有病,第二年闰五月中旬才由家乡浙江山阴起程。走水路,经过运河、长江去上任,十月下旬到任所。路上五个多月,每天写日记,记途中的生活和见闻,总起来名《入蜀记》。这里选的是船到湖北蕲州一带,八月十四日写的日记。写日记,总是以时间先后为顺序,这篇也是这样,由早晨写起。先记天气,是下雨。然后"抛大江","抛"就是放船。船中所见很多,作记,要避免一般,避免繁琐,所以只写小山和木筏。小山的奇是从山顶直上直下削去一半,木筏的奇是不只体积大,而且上面有个复杂的小社会。这部分文字不多,可是有魔术师愈演愈妙的形势:小山只是少见,还有家乡附近的蜀山可以同它相比;木筏就不同了,而是"素所未睹",以前没见过。这是第一步的愈演愈妙,已经使读者感到惊讶了,可是笔锋却不到此为止,又引"舟人云",描画一个更复杂的水上社会,筏上甚至有菜园,有酒馆,这是第二步的愈演愈妙。到此,写所见已经够繁缛了,繁缛之极宜于转为平淡,也就是笔锋要变,于是由描画景物变为写水上船前进的艰难,并很自然地过渡到日落,就是文中说的"日昳",再过渡到在刘官矶停泊。由开船写起,到停泊止,文章像是应该结束了,可是正像作者自己的诗所说，"山重水复疑无路，柳暗花明又一村"，却由儿辈的述说中生出一段妙文。岸上山后的夕阳之下，有芦苇篱笆、茅草房屋的小村庄，长满莲花、菱角的小湖泊，景物清幽，却没有人声，俨然是一幅静的图画。说是一幅静的图画还不够，因为我们稍微一捉摸就可以知道，作者着重描画这些不是单纯地记实，而是有意无意地创造一个新的"桃花源"。这样说不是穿凿附会，因为看发现的因缘是"得小径"，这不正是陶渊明《桃花源记》所写的"初极狭，才通人"的小路的化身吗？再看作者的描写，"陂池渺然"、"芦藩茅舍"、"宛有幽致"等，这是以景寓情，表现作者是有浓厚的向往之情的。这个世外桃源写完，文章末尾还有余韵：一是心理活动，想到三国时蜀汉昭烈帝刘备，发思古之幽情；二是身体活动，看大鼋在水面游戏，这是间接描写大江的形势，以及船上生活的闲情逸致。

写日记，按时间顺序记经历，容易写成流水账。流水账，备日后查考，自然未可厚非；不过从文学艺术的角度看，总是嫌过于单调。为了避免单调，经历要经过选择、剪裁，也就是要抓重点，在取舍穿插中求新奇变化。什么是重点？不外是意境幽美，感情深挚，知识新颖，道理高超等。陆游这篇日记只记见闻，没有什么深的内容，可是他终究是诗人，笔下富有诗意，所以就是记一天的部分经历，也处处显得意境美，感情深，因而有强烈的感人力量。陆游这篇短文就谈到这里。

第四篇是从归有光《震川先生别集》中的"小简"部分选来的，总题是《与沈敬甫十八首》，本篇是第八首。文字是这样：

> 甫里阻风，不得入城，径还安亭。世事无可言者，暂投永怀寺避岁，灯前后可入城也。曾见顾恭人寿文否？敬甫试取评骘，不知于曾子固何如，一笑。

　　这篇只五六十字。作者归有光，字熙甫，号震川，是明朝后期著名的古文家。明朝的文风主要是复古，有李梦阳为首的前七子，李攀龙为首的后七子，都主张文必秦汉，诗必盛唐，用力模仿古人，以致写的诗文生硬晦涩，缺少生气。归有光与后七子同时，他反对这种邯郸学步的作风，虽然也推崇秦汉文章，却更喜欢取法唐宋。他的散文清朗细腻，能够在叙说琐屑事物中表达深挚的情思，成就远远超过前后七子。可是科举考试一直不顺利，三十多岁考中举人以后，会试八次都没有考中，直到六十多岁才中了进士，做了几任小官。中进士之前，住在嘉定县安亭江边的安亭镇，过教书生活。这篇短信就是在安亭教学时期写的。沈敬甫是作者的好朋友，或者还有亲戚关系，文集里给他的信不少。本篇开头结尾不像信的形式，这是旁人编文集时删去的；如果补全了，开头大概是"有光白，敬甫仁兄足下"一类的话，结尾大概是"有光顿首"一类的话。编者删去前后的应酬话，是想避免千篇一律，而且突出信的主体，这主体由报告近来的生活情况写起，"甫里阻风"，甫里是苏州东南几十里甪直镇的古名。作者在那里为风所阻，"不得入城"，改变计划，由甫里一直回安亭。可以推想，作者本来打算乘船到苏州，因为西北风大，逆风行几十里太困难，所以只好往东走，回安亭。还可以推想，沈敬甫一定知道作者的打算，因为改变了行程，所以要告诉他。以上是单纯地叙事，有事而无思想感情，难免平板。于是紧接着一转，写情怀，重点是"世事无可言者"一句。这是满腹牢骚而又一言难尽的习惯表示法，话虽含蓄，意思却很沉重，因为等于说，所见之人，所遇之事，都很糟。这种心情的余波是下一句，"暂投永怀寺避岁"。我们知道，旧时代过年是大节，要吃喝玩耍，亲友你来我往，如果心情不好，这就成为苦事，所以最好找个安静地方躲一躲，减少麻烦。其实这表现的还是消极的一面；积极的一面是自己有高尚的理想和兴趣，不愿意同世俗人作无谓的应酬。这两句是内容的重点,写来却毫不费力。以下又回到叙事,是将来的打算,"灯前后可入城"。灯是灯节,阴历正月十五。到此,值得告诉对方的生活情况已写完,心事却还没有说尽,这就是自己文章的进益。看来不久之前,他曾为官宦人家一位姓顾的老年妇女写了一篇寿序,自己很满意,认为可以上比唐宋的大家。旧时代有一句俗话:"一人成佛,鸡犬升天。"妇女不能做官,可是能够借丈夫或儿孙的光,得到封号。封号有多种,分品级。"恭人","恭"是恭敬的恭,列为四品,是比较高的。作寿,请有名的文人作寿序也是士大夫家的习俗,归有光有文名,所以求他写了。《震川文集》里收寿序不少,可是没有这位顾恭人的,不知道究竟怎样写的。总之,作者认为,立意措辞都得体,值得赏鉴,所以请相知的沈敬甫"评骘",评骘就是评定。其实这是一句客气话,真意是请欣赏。不只欣赏,还要推重,因为下句是"不知于曾子固何如"。这句话说得更巧,表面客气,实际却是自负,真意是深信不下于曾子固。曾子固是宋朝曾巩,唐宋八大家之一,是作者很钦佩并且用力追随的,这里说能与之相比,正是得意近于忘形了。给相知的人写信,自负,甚至自大,也未可厚非,因为应该说一些知心话,但终归觉得不好意思,所以紧接着加两个字,"一笑",意思是我这样说,不过是一句玩笑话,这样一来,上面的狂态就一扫而光,反而显得相当谦逊了。

写短信是由晋朝人创始的,当时尚清谈,话贵简练淡雅而意味深厚,尤其要有味外味。他们所写传到现在的杂帖就是小简,我们不妨看作笔下的清谈,所以都短小而含蓄,三言两语,流露作者情怀,显示作者面目,文字之外有无穷的韵味。这个传统为后代不少作家所继承,归有光就是其中的一个。以我们介绍的这篇而论,短短几十个字,可是正像名手布置的花园一样,曲曲折折,地不广而景物使人应接不暇。好文笔就是要这样,不论篇幅多短，都能够驰骋自如，左冲右突，无不如意。所谓如意，是自己的品格和兴致，文章的风格和造诣，都表现得淋漓尽致。我们欣赏漫笔这类作品，对于文简意多的高妙笔法要多多注意。《与沈敬甫》这篇短文就谈到这里。

第五篇是从王士禛的《渔洋诗话》里选来的，原没有题目。文字是这样：

> 周篔，字青士，秀水人；居梅里，隐于市廛。偶游嘉善，假一园居停。一夕，啸咏甚适，遂至达旦。邻有郡丞行署，时来按部，闻周咏诗声，亦达旦不成寐，恚甚。诘旦，遣隶勾捉，将加戮辱，有士大夫援之，乃得免。或述此事，余笑曰："使袁虎不遇谢镇西，几不免虎口。"一座大笑。

这是一篇关于诗的记事，刚刚一百字。作者王士禛，字贻上，号阮亭，别号渔洋山人。他是清初的著名诗人，诗的理论家，论诗推崇"神韵"，在文学史上地位很重要。诗话是关于诗的杂谈，凡是与诗有联系的，如诗的历史、作法、作家、作品以及有关的轶闻轶事，无不可谈。本篇是有关作诗的一件趣闻，记诗人周篔因作诗而被官府捉去，险些遭毒打的事。周篔是清初人，因为愿意作明朝遗民，不应科举考试，以卖米为生。喜欢读书，作诗受到同乡大作家朱彝尊的赏识，并著有《采山堂诗集》。这件趣闻是周篔引起的，所以先介绍周篔的身份。写明两种情况：一是秀水人，也就是现在的嘉兴人；二是在梅里镇经商，可是说"隐于"，这表示他不但是读书人，而且是高尚的人，可以入仕途而偏偏不干。这两种情况，后一种当然是重点。对下文说，这"隐于"还是伏笔，因为周篔是高士，下面郡丞的作威作福才更加庸俗可笑。以下转入叙事，说周篔到附近嘉善县去，在一个花园里借住。一天晚上，他作诗很高兴，大声吟诵，一直到天明不睡。邻院是知府衙门设在外地的办事处，正赶上知府的副手来视察住在那里，被周篔的吟诗声搅得也一夜不能入睡，很生气。于是早晨派差役把周篔捉去，想重重拷打，幸而有头面人物说情，才放了。记周篔的事到此为止，文中当然隐含着褒贬，可是不很明显。这有如南朝张僧繇画龙，虽然鳞甲逼真，却还需要点睛。以下的叙述是点睛，也就是表明诗话作者的看法。这可以直说，比如指斥郡丞庸俗，不通文墨，官不大而作威作福，等等。但作者不这样写，而是用了引古典说幽默话的办法。形式还是叙事，是他听到有人说这件事，觉得可笑，所以笑曰："使袁虎不遇谢镇西，几不免虎口。"这里用了两个典。一个是袁虎遇谢镇西，见《世说新语·文学》篇，讲东晋初年，谢尚任镇西将军，镇守安徽当涂一带，一天晚上，他穿便服乘船在牛渚一带的长江中闲游，听见附近货船上有人吟诗，文辞和声音都很清丽，派人去问，知道是袁宏吟咏自己作的五言咏史诗，大为赞叹，于是请过船来，谈了一夜，从此袁宏就出了名。袁宏小名叫"虎"，所以本篇称他为袁虎。另一个典故是"几不免虎口"，见《庄子·盗跖》篇，记载孔子去见大盗名跖的人，想劝他改邪归正，不再抢劫杀戮而行仁义，却被盗跖责骂得体无完肤，回去说，他等于去摸虎头，捋虎须，"几不免虎口哉"，意思是几乎被老虎吃掉。文言用典，经常是文字简练，含蓄而意义更深远，更鲜明。这里引用古书二事正有这样的作用，话像是很委婉，没有说郡丞什么坏话，可是看下文"一座大笑"就可以明白，原来话和意思都很尖刻，等于说，看人家谢尚，手握重兵而能够风雅，你郡丞却这样，真是太庸俗了。

　　写诗话，传统的风格要求短小精悍，轻轻几笔，要显出见识高超，趣味隽永。这篇诗话没有评介作品，可是写得简练生动，能够用含蓄的文笔表示褒贬，使读者感到既有见识，又很风趣，所以值得欣赏。王士禛这篇诗话就谈到这里。

　　以上我们介绍了五篇漫笔，字数或多或少，体裁和写法各有特点。漫笔的形式多种多样，值得欣赏的作品很多，这里举五篇为例，以管窥豹，可见一斑。如果还想多欣赏，多学习，最好找同类的作品再读一些。

四二 读《岳阳楼记》

　　在湖南岳阳县的西门城上有一座岳阳楼，下面就是洞庭湖。这里正当湖水入江的口子，朝辉暮霭，万顷烟波，气象非常雄壮。岳阳楼和湖北武昌的黄鹤楼、江西南昌的滕王阁一样，都是我国著名的名胜古迹，很多诗人在这些地方写过不朽的诗文，像崔颢的《黄鹤楼》诗、杜甫的《登岳阳楼》诗、王勃的《滕王阁序》都是很有名的文学作品。宋朝范仲淹写的散文《岳阳楼记》也是一篇名作。

　　范仲淹是北宋时期著名的政治家和军事家。他做官做到"参知政事"，相当于宰相的职位；他还带兵在西北地区抵抗过西夏，西夏人很重视他，说他"胸中自有数万甲兵"。范仲淹年轻时候读书，常常连粥都吃不饱。早年的穷苦生活使他有机会同一般人民接触，了解并同情人民的疾苦。那时候，北宋王朝表面上虽然还能够维持安定,实际是问题和困难很多。范仲淹看到这种危机,很想设法挽救,所以在他做秀才的时候,就有"以天下为己任"的抱负,想为国家做一番事业。做官以后,一再上书给皇帝,提出减轻租税、整顿武备、选拔贤能等有利于国家和人民的建议。他的这些行为,引起朝廷保守派的反对,于是在宋仁宗庆历五年,他被迫离开朝廷,到邓州去做官。《岳阳楼记》这篇文章就是他的朋友滕子京在这个时候请他写的。

滕子京名宗谅,和范仲淹的关系相当深,也是一个有本领有志气的人物。在范仲淹往邓州以前,滕子京受朝里腐败官僚的攻击,被贬到岳州,心里很有些愤慨。范仲淹担心他会惹出祸来,想找个机会劝劝他,正赶上滕子京求他给重修的岳阳楼写一篇记,所以他就写出自己理想的为人处世的态度,一方面勉励滕子京要学习古代有修养的人,不计较个人的眼前得失,要能够"先天下之忧而忧,后天下之乐而乐",一方面因为他自己也正在受排挤,不得志,和滕子京的处境差不多,所以把自己的信念公开出来,以便更严格地督促自己。

《岳阳楼记》全文可以分作四段,开头一段叙述作记的原由。这段话是说:宋仁宗庆历四年的春天,滕子京被贬到岳州做知州。过了一年,政务办得很顺利,人民安居乐业,一切荒废的事业都兴办起来了。于是重修岳阳楼,扩大了原来的规模,把唐朝人和当代人作的诗赋刻在上面。然后叫我写一篇文章把这件事记下来。文章里所说的巴陵郡是古地名,就是当时的岳州,现在的湖南省岳阳县。

这一段文字很简短,可是写得很扼要。题目是《岳阳楼记》,就从作记的原由写起,作记是滕子京请求的,就从滕子京怎样来岳州写起,这样显得很自然。接着写滕子京的成绩,只用八个字,"政通人和,百废具兴","政通人和",分别说两个方面,"百废具兴",概括说一切方面,这样就既简括又有分量。下面用一个"乃"字承上启下，表明重修岳阳楼是政务有了成绩以后的事。重修岳阳楼的情况，需要说，但不宜于说得太详细，于是只提出值得记的两点，就是扩大规模和刻诗赋于其上，使读者从这两点就可以推想出重修以后的盛况。最后用"属予作文以记之"一句，直截了当地点明本题。

第二段写岳阳楼的特点，作者是从两个方面来描写的。

岳州景色的壮丽，集中在洞庭一湖。这里水势浩大，一望无边，山川明秀，早晚阴晴变化不同。这就是在岳阳楼上所见的雄伟景象，古人已经说得很多了。岳阳是连接各地的交通要道，被贬谪的官吏和诗人大半在这里聚会，那么不同的景色，能不引起人们不同的感情吗？文章里说的"迁客"是指被贬谪到远地的官吏，"骚人"是指多愁善感的诗人，这个称呼是从屈原所作《离骚》那里来的。

这段文字包括两层意思。前一层到"前人之述备矣"，描写岳阳楼的形势，表明岳阳楼成为人人欣赏的名胜，确是名不虚传。这层意思作者没有详细写，因为"前人之述备矣"，用不着多说。可是也写得很精彩。文章用一个"衔"字来说明洞庭湖和远山的关系，用一个"吞"字来说明洞庭湖和长江的关系，用字既精炼，又把死的地势环境写成活的形象，再加上下面的"浩浩汤汤，横无际涯"，就使读者好像真是置身于洞庭湖旁，看到烟波浩淼的宏伟景象。后一层意思顺着前一层说下来，用"然则"一转，从着重写景物过渡到着重写人，也就是从静态过渡到动态。这层意思点明"因景生情"，对岳阳楼的大观而言，是承上；对下面一大段描写景物的文章而言，是启下。

第三段是分别写人们在不同景色影响下的悲喜之情，用来证实上一段末尾说的"览物之情，得无异乎"。

这段话是说：有时候，连绵阴雨，长期不晴，狂风怒吼着，卷起湖上的波涛，天气显得阴沉沉的，日月都失去光彩，山川也好像被隐蔽起来，船只损坏，旅客们都被阻止住了。傍晚一片昏黑，到处听到的是老虎和猿猴叫的声音。在这个时候，人们登上岳阳楼，就会想起被贬逐，受排挤，背井离乡种种不如意的事，因而触景生情，觉得满目凄凉，心情十分沉重。也有时候，在二三月里，春光明媚，湖面平静得像一面镜子，一眼望到的是碧澄澄的万顷烟波，水天一色。水面上沙鸥成群，水里游鱼可数，湖岸上长满茂密青葱的芳草。晚上月亮出来，圆圆的月影沉入湖心，照在水面，发出闪闪金光。在静悄悄的夜晚，远处送来一阵阵渔人歌唱的声音。这时候，人们登上岳阳楼，就会觉得心旷神怡，忘掉世上一切荣辱得失，一面乘风凉，一面喝酒，那真是高兴极了。文章里说的"锦鳞游泳"，"锦"是形容美好，"鳞"就是鱼，这种以部分代全体的写法，在文学作品里是常见的，像不说车而说"轮"，不说船而说"帆"等等都是。"浮光跃金"的"跃"字，有的本子用跳跃的"跃"，有的用照耀的"耀"，都是表示闪动，意思差不多。

这一段着重写两种不同的景色，目的是用具体事例来说明感情随着环境变化的情况。两部分布局相同，都是先写眼前看到的景，后写触景而生的情；写景部分，都是先写白天，后写晚上。这段话在全篇中是个重点，这里写得越鲜明，越酣畅，下文的议论就越有着落。我们读这段文章，看得出作者是想精雕细琢的。可是又不能过多地耗费笔墨。这怎么办呢？作者很巧妙地解决了这个困难，办法是抓重点。像这段的两部分里，重点各有三个：一个是天气，悲的一面是阴雨连绵，喜的一面是春光明媚；另一个重点是湖上的景色，这写得比较详细，尤其是喜的一面，水上，水中，天空，湖岸，飞鸟，游鱼，都有精致的描画，可以说是绘影绘声；还有一个重点是牵连到景色中的人物，悲的一面是"商旅不行"，喜的一面是"渔歌互答"。这样抓住重点，举出一些有代表性的事物加以描绘，就构成两幅色彩鲜明的图画，能够使读者获得活生生的印象。

第四段是最后一段，正面写出自己的生活态度。这段话是说：古时候品德高尚的人，不像上面说的人那样，随着景色的变化而或悲或喜。这是因为，他们不受环境的影响，不计较个人的得失。他们在朝就关心人民，在野就关心君主，无论得志不得志，都放心不下。那么，什么时候才能够快乐呢？那就是，忧在一切人之先，乐在一切人之后。这样的人才是我的同道呢。文章说的"不以物喜"的"物"，指环境和一切外界事物，"庙堂"就是朝廷。"微斯人"的"微"，意思相当于是非的"非"。

这段话是全文的中心，分作三层说。第一层，到"或异二者之为"，从批判上面的两种不同表现写起，虽然意思有转折，却承接得很自然。接着用"何哉"设问，过渡到正面解说古仁人之心，这是第二层。最后一层，明确表示自己的态度，要引古仁人为同道，这层意思用叹词"噫"起头，慨乎言之，可以见得是充满了强烈的向往的感情，这就显得态度不但明确，而且异常坚定。

以上大致介绍了这篇文章的内容。下面再总的谈谈这篇文章的优点。

《岳阳楼记》过去是公认的一篇好文章；我们今天读了，也觉得确是很好。究竟好在哪里呢？

首先当然是中心思想好。它鲜明地表现了我国历代进步知识分子的抱负。这篇文章虽然在描写景物方面写得很出色，它的着重点却在于发表议论，提出主张。后代人推崇这篇文章，主要也就在于它的议论中包含着"先天下之忧而忧，后天下之乐而乐"的千古名言。这两句名言，我们日常谈话或者写文章时候也经常引用，以证明"吃苦在前，享乐在后"是人的高贵品质，可见这篇文章在今天来看还是有可资借鉴的地方的。

在写作技巧方面，这篇文章也有不少值得学习的地方。关于剪裁方面的问题，例如包括什么内容，什么地方详写、具体写，什么地方略写、概括写，怎么样布局，怎么样过渡，上面介绍内容的时候已经谈到，不再重复。这里想着重分析一下作者精雕细琢的那段写景文章，看看有什么特点。这可以提出四个方面说一说。

第一是写景色能够利用典型的鲜明的形象，以造成逼真的境界。我们念"若夫霪雨霏霏，连月不开"这一节文字，就会有天昏地暗、阴风惨惨的感觉；念"至若春和景明，波澜不惊"这一节文字，就会有春光明媚、万物欢欣的感觉。这就是因为，作者写出的一些事物，都是有代表性的，而且具有鲜明的形象。客观世界的任何景象，都是复杂的因素集合而成的，描写一种景象，不可能把一切组成部分都写下来。所以要眼光锐敏，选择有代表性的，点染一笔两笔，使景色活现在读者眼前。《岳阳楼记》描写景物，正是用的这种手法。试想，用"阴风怒号，浊浪排空"表现坏天气，用"上下天光，一碧万顷"表现好天气，不是非常经济、非常恰当吗？

第二是能够以景寓情，情景交融。文章描写景物，像画画一样，一草一木都要有作用。作者在这里想说明的是触景生情的情况，自然更不能脱离人物的心情而刻板地描写。这就是说，要选择适当的景物，使景里隐含着情，让读者读的时候，看的是景物，心情却随着动荡，或者分不出什么是景什么是情。在这方面，作者是费了相当的功夫的。例如为了引起愁苦之情，就写"虎啸猿啼"，这是因为，虎是深山里的凶猛的动物，虎啸能够唤起阴森森的恐怖的感觉；至于猿啼，在我国文学上是一贯表示悲哀的。又如为了引起快乐之情，就写"沙鸥翔集，锦鳞游泳"，这是因为，沙鸥能够唤起自由闲适的感觉，等等。

第三是用对比来加强文章的感染力。在文章里用对比来加强表达力量，这在我国是个常用的修辞方法。《岳阳楼记》写景这一段的两部分，全部用的对比写法。写天气，一方面是阴，一方面是晴；写湖面，一方面是"浊浪排空"，一方面是"波澜不惊"；写人物活动，一方面是"商旅不行"，一方面是"渔歌互答"。这样互相对照，悲的就更显得可悲，喜的就更显得可喜了。

第四是吸收了赋的特点，使文字具有音乐感。在这篇文章里，作者大量地用了四字句，这样，读起来就整齐，响亮。又用了不少对偶句，像"日星隐曜，山岳潜形"，"沙鸥翔集，锦鳞游泳"，"浮光跃金，静影沉璧"。对偶的上下两句，声音对称，读起来会有抑扬顿挫的感觉。另外作者在文章里还用了押韵的方法，最明显的是"明"、"惊"、"顷"、"泳"、"青"几个字，这样读起来就更感到悠扬顺畅，非常悦耳。

最后再谈谈这篇文章的性质。从题目上看，《岳阳楼记》是记事的文章，可是和一般的杂记性的文章不同，因为它着重在发表议论，提出主张。有人把它看作议论文，可是显然它又不同于一般的议论文。可以说，它是把叙事、描写和议论结合在一起的。这是从内容方面看。从表达形式方面看，它也有特点。它是散文，可是其中一部分近于有韵律的赋，可以说，它是把散文和韵文结合在一起的。就是这样，这篇《岳阳楼记》，篇幅虽然不长，却有不少值得深入体会的地方。

附：

岳阳楼记

［宋］范仲淹

庆历四年春，滕子京谪守巴陵郡。越明年，政通人和，百废具兴。乃重修岳阳楼，增其旧制，刻唐贤今人诗赋于其上。属予作文以记之。

　　予观夫巴陵胜状，在洞庭一湖。衔远山，吞长江，浩浩汤汤，横无际涯；朝晖夕阴，气象万千。此则岳阳楼之大观也，前人之述备矣。然则北通巫峡，南极潇湘，迁客骚人，多会于此，览物之情，得无异乎？

　　若夫霪雨霏霏，连月不开，阴风怒号，浊浪排空；日星隐曜，山岳潜形；商旅不行，樯倾楫摧；薄暮冥冥，虎啸猿啼。登斯楼也，则有去国怀乡，忧谗畏讥，满目萧然，感极而悲者矣。至若春和景明，波澜不惊，上下天光，一碧万顷；沙鸥翔集，锦鳞游泳；岸芷汀兰，郁郁青青。而或长烟一空，皓月千里，浮光跃金，静影沉璧，渔歌互答，此乐何极！登斯楼也，则有心旷神怡，宠辱偕忘，把酒临风，其喜洋洋者矣。

　　嗟夫！予尝求古仁人之心，或异二者之为，何哉？不以物喜，不以己悲。居庙堂之高则忧其民；处江湖之远则忧其君。是进亦忧，退亦忧。然则何时而乐耶？其必曰"先天下之忧而忧，后天下之乐而乐"乎？噫！微斯人，吾谁与归？时六年九月十五日。

四三 《游褒禅山记》读后

王安石《游褒禅山记》是一篇名文,全日制十年制学校高中课本《语文》第一册也选了,自然是因为它因事见理之理,对我们现在还有教育意义。为了受教育,读文章无妨断章取义;至于评价文章,就要兼考虑义理之外的其他方面。最近我把这篇文章又读了一遍,对于有些问题,如写法究竟好在哪里,记游而大发议论合适不合适等等,有些粗浅的想法,写出来供研讨此文的人参考。

此文的受人重视,主要在于它宣扬了无论是求学问还是建功立业,都要勇往直前,求登峰造极,得其究竟,而不畏难苟安,人云亦云,半途而废。这个道理之为正确、重要,显而易见,因而说这方面是文章的优点就不成问题。——这都可以不谈。以下着重谈别的方面。

237

　　游记一类文字，辞章之美很重要。柳宗元《永州八记》是名文，很多人喜欢读，主要原因之一是辞章好。就这一点说，《游褒禅山记》就差一些。是文笔的造诣有高下吗？似乎不好这样说。辞章的高下不同，大概是出于另外的原因。可以想到的有以下几种。一，荆公此文，名曰游记，而重点是讲道理，所以不想绘影绘声地描摹景色。二，荆公好游而像是不喜欢或不惯于写游记，如文集中游记很少，一篇《鄞县经游记》也写得平平，有如记账。三，还有更重要的一点是，荆公行文，常常漫不经意，一挥而就。《宋史·王安石传》说："其属文，动笔如飞，初若不经意。"这是因为他才大，志大，不惯于在文字的雕琢上多下工夫（自然不是篇篇如此，因为还有修润"春风又绿江南岸"的传说）。这样，日子长了，大醇小疵也就在所难免。如他的《钟山绝句二首》里有一句，"一鸟不鸣山更幽"，与流传的王籍名句"鸟鸣山更幽"相比，不但语拙，意思也难通。又如他著《字说》，灵机一动，专以会意解释字义，苏东坡同他开玩笑，问"坡"字何义，他说："坡者，土之皮。"苏东坡说："然则滑者，水之骨乎？"即以这篇《游褒禅山记》而论，如"其文漫灭，独其为文犹可识"，也写得颇为缠夹，既然已经"漫灭"，为什么"其为文犹可识"呢？像这类地方，都失之胆大而心不细，我们也不必为贤者讳。不过无论如何，这总是小疵，我们读古人作品，不妨舍小疵而取其大醇。大醇为何？我个人以为，是"文如其人"。王荆公是大政治家，为救国救民而变法，大气磅礴，百折不挠，至于传说的不拘日常小节，如少洗脸，不更衣，须上生虱等，也许正是值得称赏的吧？

　　辞章之外，读《游褒禅山记》时会想到的一个问题是，记游而大发议论，这种写法究竟如何。古人写游记，常用的办法有两种：一是单纯描画所见，如《徐霞客游记》、姚鼐《登泰山记》等。一是于所见之外，兼写一些因所见而引起的感慨，如杨士奇《游东山记》，末尾说到"人生聚散靡常"，邵长蘅《夜游孤山记》，末尾对比贾似道与林逋，以寄一时的兴会。荆公此文就大不同，记游部分轻描淡写，一掠而过，议论的话却说得很多很重。与一般游记相比，这种写法是重点写有所"悟"，所以无妨谓之为变格。对于这样的不同寻常，我们应该怎样看呢？这可以分作两个方面探讨：一是何以这样写，二是这样写好不好。

变格的由来，我个人以为，可以从两个方面去推求：一是作者的时代，二是作者的为人。

先说时代，是宋朝。我们都知道，宋朝是理学盛行的时期。理学讲些什么，今天看来，应该如何评价，这些与本文关系不大，可以不谈。只是有一点要指出，就是理学家惯用的所谓"格物、致知"的办法，正是"因事见理"。自然，因事见理也是古已有之的，如庄子的道在屎溺，墨子的见染丝而叹都是。不过到了宋儒就于今为烈。这原因是他们学了佛家的禅宗（虽然口头上大力辟佛），而且要比汉儒更进一步，穷追圣经贤传的微言大义。他们着重讲的大道理，有心、性、诚、敬，尤其是形而上的太极、阴阳等，都是玄之又玄的，离开事物就更难理解，因而他们从禅宗老衲那里引进一些办法，以眼前事物寓玄理，并且用人人都懂的大白话，即所谓语录反复阐明之。这样做，时间长了，人数多了，自然就成为风气，我们称之为道学气也好，总之，是习惯成自然。例如《论语》的"莫春者，春服既成"一段话，旧注只是说："仲尼祖述尧舜，宪章文武，生值乱时而君不用。三子不能相时，志在为政。唯曾皙独能知时，志在澡身浴德，咏怀乐道，故夫子与之也。"夫子所与，不过是用之则行，舍之则藏这一点点意思。可是到朱熹笔下就不同了，注说："曾点之学，盖有以见夫人欲尽处，天理流行，随处充满，无少欠阙。故其动静之际，从容如此。而其言志，则又不过即其所居之位，乐其日用之常，初无舍己为人之意。而其胸次悠然，直与天地万物上下同流，各得其所之妙。"这个"妙"，我们现在看来就莫名其妙。宋儒的因事见理，不只常见于文，而且有时见于诗。例如也是刚引过的朱熹，写过一首《观书有感》，诗云："半亩方塘一鉴开，天光云影共徘徊。问渠那得清如许，为有源头活水来。"还有一首，题目是《泛舟》，诗云："昨夜江边春水生，艨艟巨舰一毛轻。向来枉费推移力，此日中流自在行。""源头活水"，"中流自在"，显然都是禅语，表面言事而实际是讲道理。这样的诗，王荆公也偶一为之，如《登飞来峰》云："飞来山上千寻塔，闻说鸡鸣见日升。不畏浮云遮望眼，自缘身在最高层。"这显然也是言在此而意在彼。苏东坡也偶一为之，如《题西林壁》云："横看成岭侧成峰，远近高低各不同。不识庐山真面目，只缘身在此山中。"在内则迷而不能悟，是禅宗和尚的想法。荆公不是理学家，他志在救国救民，要"行"；理学家则醉心于"思"，思太极、阴阳等等，用我们现在的话说是想入非非。这是一面。但是我们也要知道，荆公虽然是大政治家，于学却无所不通。文章和诗词，在宋朝都是第一流。旁至于理学、佛学，他不只是通，而是精通。他写过《原性》《性说》等文章，而且自信为前无古人。他还作过《楞严经疏解》，也自信为成一家言。因此，我有时想，杰出如王荆公，在学问文章方面，或者也不免沾染一些时代的风气；如果这个猜想还有些道理，则这篇游记用了因事见理的写法（不是"人"的"思想"，是"文章"的"写法"）也就不足为奇了。

这样写的另一个由来是作者的为人。荆公的为人，大家都很熟悉，才高，志大，有见识，有魄力，无论是治学还是建功立业，都要求登峰造极。他的《忆昨诗示诸外弟》里有句云："此时少壮自负恃，意气与日争光辉。乘闲弄笔戏春色，脱略不省旁人讥。"《游褒禅山记》是三十四岁所作，他拜相在五十一岁，这篇游记中的大议论，正是壮志未酬的真实反映。写此文之后的十几年，他掌政了，果然就像文中所说，"尽吾志也"，"可以无悔矣"。总观他的一生，变法；训释《诗》《书》《周礼》，成《三经新义》，颁之学官；黜《春秋》，说它是断烂朝报；著《原性》之类的论文，不只驳杨朱、韩愈，而且驳孟子、荀子（杂文《读孟尝君传》驳世人皆称孟尝君能得士，而说孟尝君是鸡鸣狗盗之雄，也属于这一类）；创诗词集句，开后代集句的风气；等等：可以说件件（至少主观上）是登峰造极。无怪乎《宋史》说他："议论高奇，能以辨博济其说。果于自用，慨然有矫世变俗之志。……性强忮，遇事无可否，自信所见，执意不回。"像这样的为人，在游记中发一些不甘于"夷以近"的大议论，正是不足为奇了。

　　最后谈谈这样不同常格的写法，我们究应如何评价的问题。这显然是个难题，因为仁者见仁，智者见智。——且说我自己的看法，是大有可取。理由有三：一，这类变格也是古已有之。例如《史记·汲郑列传》的太史公曰："夫以汲、郑之贤，有势则宾客十倍，无势则否，况众人乎！下邽翟公有言，始翟公为廷尉，宾客阗门，及废，门外可设雀罗。翟公复为廷尉，宾客欲往，翟公乃大署其门曰：'一死一生，乃知交情；一贫一富，乃知交态；一贵一贱，交情乃见。'汲、郑亦云，悲夫！"应该评论汲、郑二人的功业而专说世态炎凉，这是借他人酒杯浇自己块垒的变格。又如曹操《祀桥太尉文》中有这样几句："又承从容约誓之言：殂逝之后，路有经由，不以斗酒只鸡过相沃酹，车过三步，腹痛勿怪。"庄语之中忽而插入玩笑话，这也是变格。还有变得更厉害的，如韩愈的《送孟东野序》，通篇大谈其不平之鸣，说到孟东野只寥寥几句。即此可证，变格也未尝不可，有时甚至更好。二，古已有之是旁证，更重要的理由是，就《游褒禅山记》说，这样写效果更好，因为因事见理，则玄远化为切近，读者更容易悟入，换句话说，就更容易说服人。三，从文章作法方面考虑，变格的灵活性也有教育意义。俗话说，文无定法。从读者方面说，我们更应该尊重作者的自由。某一个主题，或某一点点意思，可以用这个体裁表现，也可以用那个体裁表现。体裁确定之后，次序，组织，甚至措辞，也可以千变万化。小题可以大作，大题可以小作，还可以连类而及，声东击西，等等。当然，变要有变的规矩，不能随笔乱写。规矩是什么？无非是不离主题，能够同样或更好地达到写作的目的，所谓万变不离其宗。这个道理容易说，也不难理解，不过做起来就不那么容易，尤其是千篇一调的文风正在风靡一世的时候。练笔自然不可少，而知道如何能不陷入流行八股的泥塘，也同样是重要的。就这一点说，王荆公这篇不同流俗的文章也是值得我们深入体会的。

附：

游褒禅山记

［宋］王安石

褒禅山亦谓之华山，唐浮图慧褒始舍于其址，而卒葬之；以故其后名之曰"褒禅"。今所谓慧空禅院者，褒之庐冢也。距其院东五里，所谓华阳洞者，以其乃华山之阳名之也。距洞百余步，有碑仆道，其文漫灭，独其为文犹可识曰"花山"。今言"华"如"华实"之"华"者，盖音谬也。

其下平旷，有泉侧出，而记游者甚众，——所谓前洞也。由山以上五六里，有穴窈然，入之甚寒，问其深，则其虽好游者不能穷也，——谓之后洞。余与四人拥火以入，入之愈深，其进愈难，而其见愈奇。有怠而欲出者，曰："不出，火且尽"；遂与之俱出。盖余所至，比好游者尚不能十一，然视其左右，来而记之者已少。盖其又深，则其至又加少矣。方是时，予之力尚足以入，火尚足以明也。既其出，则或咎其欲出者，而余亦悔其随之，而不得极夫游之乐也。

于是余有叹焉：古人之观于天地、山川、草木、虫鱼、鸟兽，往往有得，以其求思之深，而无不在也。夫夷以近，则游者众；险以远，则至者少。而世之奇伟、瑰怪、非常之观，常在于险远，而人之所罕至焉，故非有志者不能至也。有志矣，不随以止也，然力不足者亦不能至也。有志与力，而又不随以怠，至于幽暗昏惑而无物以相之，亦不能至也。然力足以至焉而不至，于人为可讥，而在己为有悔；尽吾志也而不能至者，可以无悔矣，其孰能讥之乎？此余之所得也！

余于仆碑，又以悲夫古书之不存，后世之谬其传而莫能名者，何可胜道也哉！此所以学者不可以不深思而慎取之也。

四人者：庐陵萧君圭君玉，长乐王回深父，余弟安国平父、安上纯父。至和元年七月某日，临川王某记。

四四 《记王忠肃公翱事》考实及其他

《记王忠肃公翱事》是一篇新选课文，内容不复杂，只记王翱的两件小事，教学不会有什么困难。这里想主要从史实方面补充一些材料，供教师备课时参考。分作五个方面说。

一 关于课文

这篇课文出于《洹词》卷五（共十三卷）。崔铣是安阳人，安阳有洹水，故取为书名。用乡土地名为书名在古籍中是常见的，如司马光《涑水记闻》、王若虚《滹南遗老集》就是。文章原题是《记王忠肃公翱三事》，课文所选为后二事，前面还有一事是：

公为吏部尚书，忠清为英皇（指明英宗复

244

位后的天顺年间）所任信。仲孙（第二个孙子）以荫入监（借父祖的官位得进国子监为监生），将应秋试（考举人），以有司印卷白公，公曰："汝才可登第，吾岂忍蔽之哉？如汝误中选，则妨一寒士矣。且汝有阶得仕（可以承袭入官场），何必强所不能，以幸冀非分邪？"裂卷火之。

三事叙完，后面还有作者的一段后记是：

> 正德中，予闻上事于今学士（翰林院的官）吴郡徐缙、司业（国子监的官）上海陆深，二子闻于少傅（东宫的官，一般是荣誉衔）守溪王公（王鏊），固信不诬。恐泯也，约二子志之。予追书，附集中。嘉靖丙戌三月己酉，铣书。

案：清朝雍正年间张廷玉等修《明史》，卷一百七十七有《王翱传》，后部也记了这三件事，只是文字比较简略。

二　关于王翱

王翱是明朝早年的大官，出外，在西南和东北边地统兵打过仗；入朝，做到有任用人大权的吏部尚书，所以明朝许多传记书都有他的传。由许多记载上看，他受人重视，主要还不是官高，而是为人刚正，不徇私。《明史》本传说："翱在铨部（铨选之部，即吏部），谢绝请谒，公余恒宿直庐，非岁时朔望谒先祠，未尝归私第。每引选，或值召对，侍郎代选，归，虽暮，必至署阅所选，惟恐有不当也。论荐不使人知，曰：'吏部岂快恩怨地邪？'"

245

这种认真负责、大公无私的作风，我们今天看来还是值得赞扬的。

《明史》本传表彰王翱的为人，还有属于宽厚的二事，也值得一读：

（1）吏部主事曹恂已迁江西参议，遇疾还。翱以闻（报告皇帝），（皇帝）命以主事回籍（等于降级还乡）。恂怒，伺翱入朝，捽翱胸，抶其面，大声诟詈。事闻（皇帝听说），下诏狱（算皇帝交付的罪犯）。翱具言恂实病，得斥归。

（2）为都御史时，夫人为娶一妾。逾半岁语翱，翱怒曰："汝何破我家法！"即日具金币返之。

课文上的二事是对己严，这里的二事是对人宽，两者结合，可以更全面地表现王翱的为人。

三　关于作者

崔铣主要是理学家，虽然作品不少（约二十种），《明史》不入《文苑传》而入《儒林传》（卷二百八十二）；黄宗羲作《明儒学案》也列他为一家。其实，这个人并不是道学气很重的书呆子，例如在诗的方面他也颇有成就，朱彝尊的《明诗综》和《静志居诗话》都收录他。他在理学方面主张如何，重要与否，我们这里可以不问；与课文有关系的是他的人品。《明史》本传说："铣少轻俊，好饮酒，尽数斗不乱。中岁自厉于学，言动皆有则，尝曰：'学在治心，功在慎动。'"明朝中叶以后，宦官专权，无恶不作，也无人不怕，可是崔铣见到刘瑾却长揖不拜；因为嘉靖皇帝任用张璁、桂萼等权奸，他愤而上疏求去；可证他为人清正，言行确是一致的。这样一个人，因为担心王翱的行事失传，既"约二子志之"，又"追书，附集中"，这种表彰好人好事以图挽颓风的苦心是值得敬重的。

四　内容考实

（1）课文所记二事的时间——王翱生于明太祖洪武十七年（1384），明成祖永乐十三年（1415）三十二岁中二甲第一名进士，明英宗正统七年（1442）五十九岁提督辽东军务，明代宗景泰五年（1454）七十一岁任吏部尚书，明宪宗成化三年（1467）八十四岁致仕，卒。略看经历，可以发现两个问题：a. 二事的时间次序是守辽东在前，任吏部尚书在后，课文是颠倒过来叙述的。b. 如果七十一岁以前确是没长过吏部，女婿请调之时女儿年岁已经相当大（即使是三十岁生的，也已经四十多岁），年岁大当然也可以常住娘家，但总不如年轻时候较合情理。

（2）公为都御史——这里都御史是简称。御史是都察院的官。都察院和六部（吏、户、礼、兵、刑、工）是同等的官署，所以习惯"部院"连称。都察院正长官是左都御史、右都御史（左为上，都是正二品，与六部尚书同级），副长官是左副都御史、右副都御史（正三品），左金都御史、右金都御史（正四品）。王翱于正统元年（1436）五十三岁时任右金都御史，六年后带着这个官衔出守辽东（品级高的外官常带御史衔），到正统十二年（1447）六十四岁时才因军功升为右都御史。

（3）太监某守辽东——《明史·宦官传》序："盖明世宦官，出使、专征、监军、分镇、刺臣民隐事诸大权，皆自永乐间始。"这里所说太监某，职务必是"监军"。

（4）某亦守法——因为当时宦官外出总是胡作非为，这个太监例外，所以这样说。

（5）后公改两广——据《明史》本传，景泰三年（1452）"召（王翱）还掌院事"，不久改督两广，可见王翱离开辽东时候是回北京都察院，还不是"改两广"。（讲课时不提这一点关系不大。）

（6）先皇颁僧保所货西洋珠——这包括三个问题：a.先皇指谁；b.僧保是什么人；c.货西洋珠是怎么回事。

a.先皇指谁。这要从郑和下西洋说起。郑和下西洋前后共七次，前六次在永乐年间（三年到二十年，1405—1422），最后一次在明宣宗宣德年间（六年到八年，1431—1433）（据朱偰《郑和》中考证）。王翱都督辽东军务在英宗、代宗时期，英宗、代宗都是宣宗的儿子，可见课文中所谓先皇应指宣宗。这样，王翱由辽东还北京时太监赠珠，距宣宗颁珠时将近二十年，合情合理。

b.僧保是什么人，这个问题比较难于解决。郑和下西洋，官兵等每次多到两万以上，可是提名字的只有为首的几个，其中没有僧保。有一个名"洪保"，我们没有证据，不能说僧保是洪保的笔误。其次，货西洋珠是"宝船"的共同任务，所以僧保多半不是某个人的名字，而是称呼某种职官。什么职官呢？"僧"应该是和尚，据《明史·职官志》"僧道录司"条："洪武二十八年……其后释氏有法王、佛子、大国师等封号，……赐银印蟠玉，加太常卿、礼部尚书及宫保衔，至有封伯爵者。"那么，僧保也许是有宫保衔的僧人（义即位高的大和尚）？因为没有确证，只好存疑。（一说，为永乐年间太监。）

c.货西洋珠是怎么回事。《明史·郑和传》说："和经事三朝，先后七奉使，所历……凡三十余国，所取无名（叫不出名字）宝物不可胜计。"朱国桢《皇明大政记》卷十有"交趾采金珠香货"的话（朱偰书引），可见所谓大珠都是南洋产的，并不是现在说的西欧各国。

五 思想意义和写作要点

所谓思想意义,可以由当时看,也可以由现时看,有时候立时点不同,评价可以不同。课文所记二事不是这样,而是无论由什么时间看都是好的,有教育意义。何以好?非常明显,用不着说。这里只想提一提有关的两点:

(1)课文所记二事发生在明朝的封建社会,那时候,士大夫阶层绝大多数没有出息,其甚者为个人私利而贪赃枉法,欺压良民;王翱却能够廉洁自守,公而忘私,可谓出淤泥而不染,所以尤其可贵。

(2)王翱的行事是遵守旧道德,我们推重课文所记二事,不可扩大到也赞许旧道德。例如无条件地忠孝,王翱是绝不会反对的,我们则不能同意。旧时代,有些人的有些事可引为借鉴,这是一回事;因一点而扩展到面是另一回事。

写作方法,值得研讨的地方不多。尤其篇章组织方面,因为是散记性质,又系节选,我们不宜于在谋篇上多所发挥。但辞章也不是毫无优点,这可以由三个方面看:

(1)行文质朴无华。文章有各种风格:可以雄伟,可以柔婉;可以艳丽,可以质朴;等等。一种风格有一种风格的特点、一种风格的美。所谓质朴无华,是用平实的语言记事言情,说到"辞达"而止。其结果正如纯朴的学者,会给人一种外表俭约而内部充实的印象,所以常常是更能感染人。尤其初学,语言的这种风格更应该注意。

(2)因为风格质朴,所以文字简洁。篇幅很短,可是情节说得宛转,意思说得真切。写文章,最好能够做到不能减一字,像本篇就可以说是这样。

(3)写人物的举止以及思想感情也很生动。如写女婿的求调职,引原话;写太监二从子的"心计"和"阳应"等,都是轻轻点染,就能使读者感到如闻其声，如见其人。

附：

记王忠肃公翱事

［明］崔铣

王翱，字九皋，盐山人，永乐进士。宣德元年，以杨士奇荐，擢御史，时官吏有罪，不问重轻，许赎罪还职。翱请犯赃吏但许赎罪，不得复官，以惩贪黩。帝从之。

公为吏部尚书，忠清为英皇所任信。仲孙以荫入监，将应秋试，以有司印卷白公。公曰："汝才可登第，吾岂忍蔽之哉！如汝误中选，则妨一寒士矣。且汝有阶得仕，何必强所不能，以幸冀非分邪？"裂卷火之。

公一女，嫁为畿辅某官某妻。公夫人甚爱女，每迎女，婿固不遣，恚而语女曰："而翁长铨，迁我京职，则汝朝夕侍母；且迁我如振落叶耳，而固吝者何？"女寄言于母。夫人一夕置酒，跪白公。公大怒，取案上器击伤夫人，出，驾而宿于朝房，旬乃还第。婿竟不调。

公为都御史，与太监某守辽东。某亦守法，与公甚相得也。后公改两广，太监泣别，赠大珠四枚。公固辞。太监泣曰："是非贿得之。昔先皇颁僧保所货西洋珠于侍臣，某得八焉，今以半别公，公固知某不贪也。"公受珠，内所着披袄中，纫之。后还朝，求太监后，得二从子。公劳之曰："若翁廉，若辈得无苦贫乎？"皆曰："然。"公曰："如有营，予佐尔贾。"二子心计，公无从办，特示故人意耳。皆阳应曰："诺。"公屡促之，必如约。乃伪为屋券，列贾五百金，告公。公拆袄，出珠授之，封识宛然。

四五 漫谈《口技》

　　统编课本《语文》第二册选有《口技》一篇。作者林嗣环没有诗文集流传下来，这篇《口技》见张潮编的笔记小说《虞初新志》，据张潮自序，《虞初新志》成于康熙二十二年癸亥，可以推知《口技》至晚是清朝初年写的。文章的原题是《秋声诗自序》，这是说，林嗣环有个诗集名《秋声诗》，《口技》（题目当然是后人所加）这篇文章就是《秋声诗自序》的一部分。它的前面有这样一些话：

　　　　彻呆子当正秋之日，杜门简出，毡有针，壁有裹甲，苦无可排解者。然每听谣诼之来，则濡墨吮笔而为诗，诗成，以秋声名篇。适有数客至，不问何人，留共醉，酒酣，令客各举似何声最佳。一客曰："机声，儿子读书声佳耳。"予曰："何言之庄也？"又一客曰："堂下呵驺声，堂后笙歌声何如？"予曰："何言之华也？"又一客曰："姑妇啾杆声最佳。"曰："何言玄也？"一客独嘿嘿，乃取大杯满酌而前曰："先生喜闻人所未闻，仆请数言为先生抚掌可乎？"

后面有这样一些话：

　　嘻！若而人者，可谓善画声矣。遂录其语，以为秋声序。

文后还有编者张潮的评语，说："绝世奇技，复得此奇文以传之，读竟，辄浮大白。"

　　编者的评语说得不够清楚，就强调"绝世奇技"说，似乎"奇文"是指"口技"一部分，若然，以"浮大白"表示极度赞赏，大概可以得到多数人首肯；可是下面分明说的是"此奇文"，指名道姓应该是《秋声诗自序》，这就有商榷的余地了。

　　看文章开头那部分，可以知道作者处境不佳，牢骚满腹，或者竟至有难言之隐而不得不出不由户，不过不得不出不由户是一回事；既然是出，就要有个出之之道，这是另一回事。

　　文，有常道，有常法，可以奇，或者说，最好能奇，但无论如何奇，要不出常道常法之外。《秋声诗自序》则不然，奇则奇矣，可是以常道常法绳之，就大有问题。问题的症结在于，就为诗集作序而言，这样大写口技之妙是离了题，喧宾夺主。

　　当然文章可以撇开一笔写，甚至貌似离题写。举《庄子·徐无鬼》为例，其中有一段记庄子悼念惠施的话：

四五　漫谈《口技》

庄子送葬，过惠子之墓，顾谓从者曰："郢人垩慢，其鼻端若蝇翼，使匠石斫之。匠石运斤成风，听而斫之，尽垩而鼻不伤。郢人立不失容。宋元君闻之，召匠石曰：'尝试为寡人为之。'匠石曰：'臣则尝能斫之；虽然，臣之质死久矣。'自夫子之死也，吾无以为质矣，吾无与言之矣！"

这是撇开一笔写，貌似离题，而实际是扣题更紧，因为这样表现志同道合，比王子猷的"人琴俱亡"（《世说新语·伤逝》）更为形象生动，意境深远。《秋声诗自序》则不然，撇开秋声诗而绘影绘声地写口技，究竟秋声之诗与口技之妙有什么关系呢？是秋声之诗可以与口技之妙比美吗？还是秋声之诗比口技之妙更值得欣赏呢？文章没有明确地告诉读者。与《庄子·徐无鬼》一段相比，庄文是貌似离而神合，林文是貌离而神更不合，因此，我们无妨说，张潮的赞叹未免有点阿其所好。以上是关于文章出处的一些想法。

不过课本是"节选"，就课本说，对学生讲，当然要就文论文，也就是限于研讨《口技》这一部分，这一部分之外（前文、后文），之内（中间删去的少量语句），都可以不管。以下谈课文本身。

《口技》是一篇好课文，因为一则浅易，二则有故事性，都适于中学低年级学生读。此外，文章在写法方面也有不少优点，可供教师发挥。以下分两个方面谈谈我个人对于优点的看法。

一是结构方面，想分作四项说：（1）记事有条理。全文以时间先后为顺序，由施屏障始，到撤屏障止，顺着众宾的所闻写来，使读者能有亲历的感觉。记叙文以时间先后为序，不是什么特点，但对初学来说却值得重视，因为，如果处理得好，比如说，妥善安排，繁简得当，就容易条理清楚，有水到渠成之妙。（2）行文有波澜。记事，以时间先后为序，也不能像钟

253

摆那样，均匀而无变化。无变化，就会死气沉沉，引人入睡。解救之一法是内容有轻重，有缓急，也就是有波澜。以音乐为喻，《口技》所记之事，是旋律一步比一步紧，声音一步比一步高，火起之后，记事的波澜到了最高峰，真是千态万状，尽来眼底，大有行山阴道上，应接不暇之势。"于是宾客无不变色离席"以下是波澜渐低的写法，却也有作用，比喻说是用绿叶来衬托红花，为的是使花显得更红艳。（3）还有所谓擒纵之法，或说是勒放之法。我们大概还记得，《红楼梦》第二十八回薛蟠在冯紫英家里诌女儿悲愁喜乐四句曲词，第三句"洞房花烛朝慵起"，大家都惊叹为"何其太雅"，这就是一勒。勒是手段，或说非重点，重点是下一句村话，一放，才能换来全场的"该死，该死"。《口技》多多少少也用了这种笔法。第三段夫妇入睡，微闻鼠声，几乎归于静寂，"宾客意少舒"，真是懒洋洋，有些不耐烦了，这是勒。紧接着"火起"，形势大变，是一放。前面有了一勒，这一放才更显得如山洪暴至，一泻而下，痛快淋漓，故感人也益深。（4）前后照应。记叙文，尤其篇幅比较长的，容易顾此失彼，不同部分失去照应。《口技》在这一点上也颇有可学之处。例如第二段末尾是满座宾客"以为绝妙"，到此，像是没有什么戏好唱了，然而不然，后面还有第四段末尾的宾客"几欲先走"，这是前后对比，才显得口技真是"妙绝"。又例如文章开头提一下演技之前的简单设施，结尾重复一次，这是前后呼应，也有作用，就是加重地提醒读者，文中所写的千态万状只是"技"，并没有什么弄虚作假。

二是文字方面，也分作四项说：（1）简练。文言，尤其是古代文字，简练是共同的特点。这个传统我们应该继承，发扬光大，鲁迅先生早已谆谆言之。《口技》所记之事很新奇，也相当繁杂，可是仅仅用了三百多字，这一点确是值得着重学习。（2）生动。一般说，生动由于文字所表达的意义能够形象化。这样的语句，本文中可以找到不少，如说宾客的"伸颈"，

"侧目","变色离席","奋袖出臂",妇人的"惊觉欠伸",老鼠的"作作索索",等等,都能予读者以鲜明的印象。(3)贴切。选词恰当,写什么像什么,不管是记事,还是写人物,写风景,都很重要。在这方面,《口技》也有不少语句值得借鉴,如写小儿是"含乳啼",大儿是"絮絮不止",深巷中犬吠是"遥闻",老鼠作作索索是"微闻",等等,都能够斤两适合,恰如其分。(4)繁简得当。一事有一事的发展变化,其中有大小,有轻重,有顺逆,有松紧,所以不能平均主义地写。就是大小、轻重等没有什么分别,也未必宜于平均主义地写。何处应繁,何处应简,很难具体规定,总的原则是,非详写不足以尽其情则详写,否则可简则简,可概括则概括。《口技》一篇,中间形容口技之妙详写,开头结尾简写;同是写火起,由"忽一人大呼"到"抢夺声,泼水声"具体写,由"凡所应有"到"不能名其一处也"概括写,在繁简方面都处理得很恰当。

　　同是清初的蒲松龄,也写一篇《口技》(见通行十六卷本《聊斋志异》卷十三),记一个女子用口技之术请许多女神来开药方,不过与林作有别:蒲是用细线条刻画,林是用粗线条刻画,因而蒲文不像林文那样夸张。但是就感人效果说,我个人以为,林文似乎更上一层(只是就《口技》一篇说,不可理解为林高于蒲)。

附:

口　技

　　　　　　　　　　　　　　[清]林嗣环

　　京中有善口技者。会宾客大宴,于厅事之东北角,施八尺屏障,口技人坐屏障中,一桌、一椅、一扇、一抚尺而已。众宾团坐。少顷,但闻屏障中抚尺一下，满坐寂然，无敢哗者。

遥闻深巷中犬吠，便有妇人惊觉欠伸，其夫呓语。既而儿醒，大啼。夫亦醒。妇抚儿乳，儿含乳啼，妇拍而呜之。又一大儿醒，絮絮不止。当是时，妇手拍儿声，口中呜声，儿含乳啼声，大儿初醒声，夫叱大儿声，一时齐发，众妙毕备。满坐宾客无不伸颈，侧目，微笑，默叹，以为妙绝。

未几，夫鼾声起，妇拍儿亦渐拍渐止。微闻有鼠作作索索，盆器倾侧，妇梦中咳嗽。宾客意少舒，稍稍正坐。

忽一人大呼"火起"，夫起大呼，妇亦起大呼。两儿齐哭。俄而百千人大呼，百千儿哭，百千犬吠。中间力拉崩倒之声，火爆声，呼呼风声，百千齐作；又夹百千求救声，曳屋许许声，抢夺声，泼水声。凡所应有，无所不有。虽人有百手，手有百指，不能指其一端；人有百口，口有百舌，不能名其一处也。于是宾客无不变色离席，奋袖出臂，两股战战，几欲先走。

忽然抚尺一下，群响毕绝。撤屏视之，一人、一桌、一椅、一扇、一抚尺而已。

　　袁枚的《黄生借书说》是一篇不满三百字的小文。中学选用，主要是因为其义可取；可是义并不隐晦，文的写法也平实无华。这里考察一下有些相关的事物，是为了帮助教师理解得更深、更确切，以备讲读时参考。

一　关于作者

　　《黄生借书说》是一篇意思严正的小文，就是说，是板着面孔讲的。可是，熟悉清朝文献的人都知道，袁枚的为人，与顾炎武、颜元、全祖望、姚鼐等是大异其趣的，用正统的评价标准衡量，前者是正经儒者，袁枚不是，至少是不地道。一个非正经儒者的文人忽而正襟危坐讲起大道理，我们对此应该怎么看呢？

　　这要先看看袁枚的为人。他生于康熙末年，卒于嘉庆初年，正赶上清朝的全盛时期。他同一般士大夫一样，也作八股文（并且收入全集），考举人、进士，做官。只是官做得不够大，四任知县。是因为天性所近还是精于看风转舵呢，他忽而改了主意，毅然辞官，走优游林下的名士（有时也不免为清客）一条路。他以诗文，尤其是写诗话，结交上层士大夫，抬高身价，受到稀有的吹捧（姚鼐《袁随园君墓志铭》："百余年来，极山林之乐，获文章之名，盖未有及君也"），接受大量的馈赠（《遗嘱》："卖文润笔，竟有一篇墓志送至千金者"），发了大财（《遗嘱》："田产万金余，银二万"），修治随园，穷池台花木之胜，过了半生豪华生活。

　　这样一个人，如何评价也要一分为二。可以宽厚一些，说是无伤大雅，因为既不违法，又未败德（历史地看）。但君子爱人以德，对读书人宁可严格一些，那就不无可议，例如与顾炎武相比，人家写的是《天下郡国利病书》，他却写《随园食单》；与黄宗羲相比，人家写的是《明夷待访录》，他却写《子不语》（后改名《新齐谐》），正是"譬诸草木，区以别矣"。在这方面，袁枚自己有自知之明，《随园诗话补遗》卷四说："余性通脱，遇繁礼饰貌之人辄以为苦。"以为苦，所以常常就有意无意地流于放浪，例如他曾刻一个闲章，文曰"钱塘苏小是乡亲"，大为某尚书所诟病。甚至必须严肃的时候也不能拘谨，例如朝考作《赋得因风想玉珂》的试帖诗，这按制度是要由皇帝评定的，他却写了"声疑来禁院，人似隔天河"的一联，险些不能入翰林院。因为惯于放浪，有时就不免引来鄙视和嘲讽。

　　以上着重说可议的一面。但既然一分为二，自然也不能毫无是处。这可以举出下列几点：一是在诗论上有贡献。他的"性灵"说，比之王士祯的"神韵"说和沈德潜的"格调"说，像是更合情合理。二，在封建时代的儒生群里，他敢于闯破拘束，写些不想登庙堂的文字，写诗话并注意妇女和下层人的作品,这多少总是对伪道学的一股反动。(他答杨笠湖的信里说:"我辈立言,宁可使腐儒厌,不可使通儒呕。")三,他写的一些似乎欠庄重的文字,却常常有率真的优点,例如《遗嘱》中说:"尚有《随园随笔》三十卷,……汝二人行有余力,分任刻之,定价发坊,兼可获利。"这是一般标榜文以载道的人所不肯说的。四,为人和易,对贫苦的失意者有同情心,如借书与黄生就是一例。

总观以上,我们读《黄生借书说》,如果一定要先知其人而后论其言,似乎就可以:一,宽容一些,说其人其言皆有可取;或者二,严格一些,说人虽可议,但不应以人废言。

二 关于黄生

黄生名允修,贫而好读书,这是文章中说到的。看《随园全集》,还可以知道:

一、他很年轻。《小仓山房文集》卷十有《赠黄生序》,其中说:"予喜其年甚少,意甚锐。"

二、所谓贫,只是非富豪子弟,不能多买书。《随园尺牍》卷四有《再答》黄生的信,其中说:"且考据之功,非书不可,子贫士也,势不能购尽天下之书,偶有所得,必为辽东之豕。"

三、袁枚很器重他。《随园诗话》卷三:"黄允修云:'无诗转为读书忙。'……余谓此数言非真读书真能诗者不能道。"

四、因为器重,所以很愿意帮助他,除了借给书之外,还支援一部分生活费用。《赠黄生序》:"又虞其家之贫,有以累其能也,为羞其晨昏,而以书库托焉,成生志也。"

五、他受乾隆时期学风的影响，想致力于考证；袁枚不赞成，希望他跟着自己走，学诗文。《随园尺牍》卷四《答黄生》："来书自称生平安于古，悖于时，矜矜自喜。仆以为此妄语也。"《再答》："近日海内考证之学如云而起，足下弃平日之诗文而从事于此，其果中心好之耶？抑亦为习气所移，震于博雅之名而急急焉欲冒居之也？……子之诗文未造古人境界，而半途弃之，岂不可惜！"

三　关于借书

书多，人不能尽有，因而借书是常事。尤其在旧时代，五代以前还没有印本的时候不用说，就是宋以后，刻板不易，印数不多，得到书比现在难得多，想博览更要多靠借。借书大致可以分为两类，一是为收藏借抄，一是为求学而借读。黄生借书属于后一类。

旧时代没有公共图书馆，借书很难。原因之一是有书的人不多。此外还有种种情况：书系珍本，为收藏者所宝爱，自然不愿借出；书虽非珍本，或者因为常用，或者因为私有观念重，也就不愿借出，等等。守护不借，有的还定为戒条，如唐朝杜暹题其藏书卷末说："清俸买来手自校，子孙读之知圣道，鬻及借人为不孝。"宁波范氏天一阁挂有禁牌，文曰："擅将书借出者，罚不与祭三年。"这样吝啬，看似可鄙可笑，实则不当专怨一面，因为书因借出而损坏甚至丢失的事也不在少数。远的不说，举清代为例，《红楼梦》八十回以后的一部分原稿，《越缦堂日记》中的八册底本，都是借出丢失的，无怪乎俗语改"借书一瓻"为"借书一痴"，说借书与人是傻事了。

俗语"借书一痴"之后还有"还书一痴"，这就使藏书者更加怀有戒心。

明朝钱穀可为这种心理的代表，他有个藏书印记，文曰："百计寻书志亦迁，爱护不异隋侯珠，有假不还遭神诛，子孙不读真其愚。"借恐不还，形诸咒骂，可怜可叹，所以有的人就宁可一概不借，如袁枚青年时期遇见的张氏就是这样。一般人不会像张氏那样极端，但借书之难的情况还是不会变的，如明朝宋濂《送东阳马生序》说："余幼时即嗜学，家贫，无从致书以观，每假借于藏书之家，手自笔录，计日以还。天大寒，砚冰坚，手指不可屈伸，弗之怠。录毕，走送之，不敢稍逾约。"这样恭恭敬敬，谨小慎微，可证袁枚的"公书"，并为说以勉励借书的黄生，在旧时代正是难得的了。

四　关于课文

研讨课文，可以分义理、辞章两个方面。

义理浅而明，是借书读比自己有书更容易多省记，用现在的话说是条件差反而进步快。这种事理的认识也是古已有之，例如可以远溯到《孟子》，《告子下》篇说："故天将降大任于是人也，必先苦其心志，劳其筋骨，饿其体肤，空乏其身，行拂乱其所为，所以动心忍性，曾益其所不能。"专就苦读而大有成说，古代流传的故事就非常多。以买不起灯油为例，凿壁借光的有汉匡衡，囊萤的有晋车胤，映雪的有晋孙康，随月的有南北朝江泌，等等。但古今条件不同，现在买书容易，图书馆、文化馆很多，借书更容易，至于贫苦到须囊萤映雪，在用电灯照明惯了的今天，年轻人总是很难体会了。那么，这篇课文还有什么作用呢？我个人想，惟其这样，它就于"苦读更易有成"之外，还有另一面或说是更深刻的教育意义。这种教育意义，仍可以引《送东阳马生序》中的一些话来说明，那就是："今诸生学于太学，……凡所宜有之书皆集于此，不必若余之手录，假诸人而后见也。其

261

业有不精，德有不成者，非天质之卑，则心不若余之专耳，岂他人之过哉？"读此，我们应该认识，现在学习条件好，学有不成，非他人之过，因而应多反省，知警惕，用课文里的话说是："知幸与不幸，则其读书也必专。"

另一个方面是辞章，或说是写法，可以分作三项说。

一是文章的布局。写文章，组织材料，古今中外，花样很多，如常格之外可以用倒叙、插叙，可以用侧写、衬托等等，如何才妥贴，要由作者的喜好、文章的体裁、内容的性质等来决定。《黄生借书说》的布局平平淡淡，毫无波澜。可是自然而得体，由借书写起，中间经过讲道理，举事例，自然过渡到勉励黄生努力读书，有水到渠成之势。我个人想，读范文应该不忘取法，在布局方面，有奇自然不当忽视，无奇尤其不当忽视，因为平顺自然是不施脂粉的美，或者更难学，所以以初学应该特别留意。

二是内容充实，有理有据。文章内容的评价，主要靠它包含的义理，这在上面已经谈过；这里着重说说用什么事例来证明那义理。事例有两类。一类是泛说，文章第一段说阔人反而不读书，第二段说自有反而不如借，属于这一类。另一类是谈切身体会，第三段以自己的早年与通籍后对比，属于这一类。这部分谈自己经历，真实恳切，字数不多而有感人力量。《随园诗话》卷五也说到他这种感受："余少贫不能买书，然好之颇切，每过书肆，垂涎翻阅，苦价贵不能得，夜辄形诸梦寐。曾作诗曰：'塾远愁过市，家贫梦买书。'及做官后，购书万卷，翻不暇读矣。有如少年时牙齿坚强，贫不得食，衰年珍羞满前，而齿脱腹果，不能餍饫，为可叹也。"语较详而义更显豁，可供参考。

三是文字简洁平易，于恳挚中兼有率真之趣。我们读汉以后文章会感到，六朝人喜欢骈俪，唐宋以来的古文家喜欢古奥，都不少造作气。我个人觉得，上好的文章应该没有造作气，或者经过锤炼而使人感不到造作气，这说得玄妙一些是绚烂之极反归于平淡。袁枚这篇文章能否算上好，仁者见仁，智者见智，但他没有故意求古奥，玩花样，所以行文能够顺畅自然，如话家常，想到便说，可止则止，这个优点总是应该肯定的，值得效法的。至于恳挚率真，文中这种地方不少，最显著的如"天子读书者有几？""归而形诸梦"，"其归也必速"，都是一般读书人也会想到而不大愿意说的，用我们现在的眼光看，也应该算作可取之点吧？

附：

黄生借书说

［清］袁枚

黄生允修借书。随园主人授以书，而告之曰：

书非借不能读也。子不闻藏书者乎？七略、四库，天子之书，然天子读书者有几？汗牛塞屋，富贵家之书，然富贵人读书者有几？其他祖父积，子孙弃者无论焉。非独书为然，天下物皆然。非夫人之物而强假焉，必虑人逼取，而惴惴焉摩玩之不已，曰："今日存，明日去，吾不得而见之矣。"若业为吾所有，必高束焉，庋藏焉，曰"姑俟异日观"云尔。

余幼好书，家贫难致。有张氏藏书甚富。往借，不与，归而形诸梦。其切如是。故有所览辄省记。通籍后，俸去书来，落落大满，素蟬灰丝时蒙卷轴。然后叹借者之用心专，而少时之岁月为可惜也！

今黄生贫类予，其借书亦类予；惟予之公书与张氏之吝书若不相类。然则予固不幸而遇张乎？生固幸而遇予乎？知幸与不幸，则其读书也必专，而其归书也必速。

为一说，使与书俱。

四七 《过香积寺》讲解

不知香积寺，数里入云峰。

古木无人径，深山何处钟？

泉声咽危石，日色冷青松。

薄暮空潭曲，安禅制毒龙。

　　这是一首五言律诗，王维作。表面看是写景物，即行程中所见。深入吟味，是透过景物写心意，因为：一，景物很多，写此而不写彼，如此写而不如彼写，是以心意为主选择的；二，全诗意在勾画出一种佛理的境界，或说禅境，这境界虽在世间，却有超出世间的意味，正是作者尽力企求的。

　　《毛诗序》说："诗者，志之所之也。"人各有志，想知其志，应该先知其为人。王维生在佛教（尤其其中的禅宗）兴盛的盛唐时期。他母亲是虔诚的佛教

徒，他又多与出家人交往，所以如他自己的诗所说，是"中岁颇好道，晚家
南山陲"，"晚年惟好静，万事不关心"。所好之道是佛教的万法皆空的理。
他特别敬重《维摩诘所说经》中大居士维摩诘的为人，所以取名为维，字
摩诘。像维摩诘一样，他也没出家，可是后半生独身，在山林间隐居，过心
静不为物扰的悠然自得的生活。这首诗就是他这种心境的写照。

　　诗题开头用"过"字，是表明从他处来，匆匆一面。香积寺在终南山，
和他住的辋川，在都城长安的南面。香积是佛教传说众香国的佛名，名称
有教意，也可以说兼有诗意。

　　诗八句四联。第一联，由出发前往写起。"不知香积寺"，表示没到过，
不知道在哪里。"数里入云峰"，表示往山里走，越走越高，路不近。接着
第二、三联，写行程中所见所闻。第二联由阔大处着笔，第三联由细微处
着笔。依一般习惯，都用对偶。前一联，"古木无人径"，写见。木是树，
文言早期多用木，这里指树林。树高大，没有人行路，都表示山深而寂静。
"深山何处钟"，写闻，妙在听到而仍不知在哪里，这才真是深山。这一联
对偶，"无人"对"何处"，词语不对，但意思对（"何处"表示有地方），
古人称为十字句，即全句意思对。第三联，"泉声咽危石"，水冲过高石作
抽泣声，写闻。"日色冷青松"，微弱的日光照射松树，显出寒意，写见。这
一联，"咽"和"冷"写出景物的远离世间烟火的神态，用字见巧思，通
常称为诗眼。前一句，"泉声咽危石"，应该用平平平仄仄而用了平平仄平
仄，这是近体诗有时用的变格，如杜甫《月夜》第七句"何时倚虚幌"就是，
目的大概是这样可以使音律更舒缓，下句才显得更紧凑昂扬。第四联扣紧
题，写寺。不宜于再写景物，所以由寺僧的修持方面下笔，傍晚，寂静的潭
边荒僻之处，出家人在静静地坐禅，用法力制服潭内害人的毒龙。这两句
更着重它的比喻义，是在寂静的寺院深处，僧人坐禅，以求除去心内的杂

念而得解脱。

诗由入山写起，到寺为止，所见所闻，都是远离世间尘嚣，学佛人所企求的无烦扰的寂静境界。这境界是作者心意的反映，所以所写既是实见实闻的景物，又是不能直接感知的作者的心意。苏东坡曾说，王维的诗"诗中有画"，就这首《过香积寺》说，还不只是诗中有画，而且是诗中有道。

最后说说读。这首诗平起（第一句第一音步后一字"知"是平声，全句是平平平仄仄），押二冬韵。第一句"积"，第五句"石"，第七句"曲"，第八句"毒"，旧都是入声字，属仄声，现代音都改读平声，不合格律。如果求合格律，保持音律美，可以读为去声：jì, shì, qù, dù（普通话没有入声）。

四八　《登金陵凤凰台》讲解

凤凰台上凤凰游，凤去台空江自流。
吴官花草埋幽径，晋代衣冠成古丘。
三山半落青天外，二水中分白鹭洲。
总为浮云能蔽日，长安不见使人愁。

这是一首怀古伤今的律诗，李白作。情怀由登临引起，登临有所见，是景。只是客观的景不能成诗；写诗，情是主，景是宾。写法可以灵活，或寓情于景，或触景生情。重要的是作者和读者都要有所感，或者说，都能因诗句而进入诗境。这首诗很有名，就是因为有这样的力量。

诗题是传统惯用的一路。写这首诗，来由是登凤凰台，所写之事、之情，也是登凤凰台，所以就用"登金陵凤凰台"。金陵，用的是战国时的古名，如果不求古雅，本来是应该写江宁的。古为什么雅？因为时代远，稀有，而且华年易去，逝者如斯，人总是难于忘怀过去的。这样说，诗题中用古地名也不妨算作优点。

律诗四联，第一联通常是扣紧题目写。这首诗也是这样，第一句写凤凰台的由来，那是传说，南朝宋文帝元嘉年间，有几只凤凰落在建康（宋都城，今南京）西南的小山上，为了纪念这稀有的祥瑞，在山上筑台，并称台为凤凰台，山为凤台山。第一句等于重述传说，是写古。第二句可以顺承而下，仍写古。但沿袭不如变化，因为惟有变化，才能用有限的字写出更多的内容，才可以由景跳到情。于是转而写今，凤飞去，台上空无所有，只有长江，不管人事代谢，还在流。这第二句是寓情于景，所寓的情是伤逝。

依照律诗的习惯布局法，第二联要承上，进一步发挥，所以仍是写伤逝。还要照应题目的"登"字，伤逝就由所见写。三国吴（都建业，今南京）远去了，昔日的宫苑，小路上长满野草（"花草"重在草）；东晋（都建康，今南京；西晋都城不在这里）的上层人物（着袍服加冠的人）没有了，剩下的只是一些年代久远的坟墓。到此，诗写了一半，所及景物，没有一种快意的，为什么？这是全诗的情怀决定的，诗必用的手法是，景物要为情怀服务。

但这也不宜于千篇一律，所以第三联又变。一种是意境变，由怅惘变为观赏；一种是章法变，由写时变为写地。两句都写地，但又有变化。前一句写远景，西南几十里外的三山（三峰并立）若隐若现（半落，即看不清）；后一句写近景，城南的秦淮河分支，中间夹着白鹭洲。诗写登临，登临不能无所见，所以这一联也是照应题目写。

前三联准备完毕，于是第四联就可以正面并集中地写情怀。写情怀，两句有明暗二意。明是因为天上有浮云蔽日，光不够，想望见旧游之地长安（唐都城）而做不到；暗是浮云蔽日比喻小人蒙蔽君主，看不见长安暗指不能受重用，施展才能，实现治国的大志。当然，明是陪衬，暗是本意。这表现的是有大抱负的人的烦闷与愁苦。就章法说，这第四联是水到渠成的写法，因为登临望远，怀古思今，不能不想到身世，而想到的情况是，长安不见，壮志难酬，自然就不能不愁苦满怀了。这样的愁，与"出师未捷身先死"的痛心是一类，其结果当然就会"长使英雄泪满襟"，读者也不能不陪着洒同情之泪了。总之，诗所写的愁苦情怀正大（不是儿女情长），能够使读者深有所感，所以我们说这首诗是唐诗中的佳作。

佳也有来由，传说他是学崔颢的名作《黄鹤楼》诗。这大概不是无中生有。崔诗由黄鹤起，"昔人已乘黄鹤去，此地空余黄鹤楼。黄鹤一去不复返，白云千载空悠悠"。白诗变为由凤凰起，也是往者已矣，一切成空，意境一样，连韵也是用十一尤（就平水韵说）。小异是白诗两句写了崔诗四句的内涵，可是章法较散，气势差一些。后四句几乎是照猫画虎，崔诗第三联也是写地，"晴川历历汉阳树，芳草萋萋鹦鹉洲"，白诗连韵脚"洲"字也用了。第四联就更像了，崔诗是"日暮乡关何处是？烟波江上使人愁"，意境是看不见，因想而愁；白诗也是，而且连"使人愁"也照抄了。这样好不好？我觉得也没有什么不可以，因为表达工具是公有的，只要所表达的内容好，值得吟味，用什么形式，甚至用什么诗句，究竟关系不大。

何况李白这首诗还不是始作俑者。据说崔颢的《黄鹤楼》诗是学沈佺期的《龙池篇》，沈诗前四句是："龙池跃龙龙已飞，龙德先天天不违。池开天汉分黄道，龙向天门入紫微。"这种词语不避重复，格调高亢而一气呵成的写法，沈德潜《说诗晬语》称赞说："意得象先，纵笔所到，遂擅古今之奇，所谓章法之妙不见句法，句法之妙不见字法者也。"意思是，看似不循规蹈矩，反而更好。

不过李白这首诗还是当作严格的律诗写的，这表现在全诗八句都是律句（辨平仄）。但李白是惯于并长于写古风的，写律诗，或者由于不在意，有时就不免闯破格律。如这一首的第二联失粘（应仄起［第二字仄声］，"吴宫"是平起）；单就承接第二联说，第三联也失粘。他还有一首七律《别中都明府兄》，也是两次失粘，同这一首一样。作者生在近体诗格律已经形成的盛唐，写律诗而不很注意格律，要怎样解释？我想，这是因为他才气横溢，情意横溢，拿起笔，就如晁补之评论苏东坡词所说，曲子内就缚不住了。